DELE

Preparación al
Diploma de Español

B2
C1

ESCOLAR

AF278240

Mónica García-Viñó
Inés El Helw

Usa este código para acceder al
BANCO DE RECURSOS
disponible en

Ē digital
LE

www.anayaeledigital.es

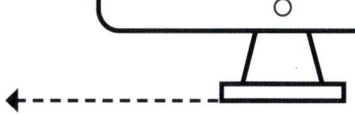

edelsa

1.ª edición: 2026

Equipo editorial:
Coordinación: Alicia Iglesia
Edición: María Sodore
Edición digital: Eva Gómez

Diseño de cubierta: Carolina García
Diseño y maquetación de exámenes: Alfredo Martín
Corrección: Natalia García

ISBN: 978-84-9081-657-8
Depósito legal: M-9481-2026

Impreso en España/*Printed in Spain*

Fotografías e ilustraciones:
123RF

Audio:
Locuciones y Montaje Sonoro Bendito Sonido

PAPEL DE FIBRA
CERTIFICADO

ÍNDICE

Con el fin de familiarizarse con la estructura de este examen, se recomienda al estudiante empezar por las Características y Consejos, ya que presentan todas las indicaciones para los exámenes (pág. 126).

Audio descargable en www.edelsa.es

DELE B2/C1 para escolares

Los Diplomas de Español como Lengua Extranjera (DELE) son títulos oficiales de validez indefinida del Ministerio de Educación de España. La obtención de cualquiera de estos diplomas requiere una serie de pruebas.

El diploma **DELE B2/C1 para escolares** alude al cuarto y quinto nivel de los seis niveles propuestos en la escala del *Marco Común Europeo de Referencia para las Lenguas (MCER)*.

Además, **este diploma (B2/C1)** presenta una **característica específica**: es un examen que **tiene dos posibles salidas para los candidatos aptos**. En función de su puntuación en las distintas pruebas, **podrán recibir un diploma de nivel B2 o de nivel C1**.

¿Qué ventajas tiene contar con un diploma DELE B2/C1 para escolares?
• Es un título oficial que se corresponde con los niveles del *Marco Común Europeo de Referencia para las Lenguas (MCER)*. Con un solo examen, puede optar a uno de los dos niveles: B2 o C1.
• Tiene validez indefinida y reconocimiento internacional.

INSTRUCCIONES GENERALES

Como candidato a este examen, deberá:
- Presentarse a las pruebas con su **pasaporte**, **carné de identidad** o cualquier documento de identificación oficial.
- Llevar un **bolígrafo** o algo similar que escriba con tinta y un **lápiz del número 2**.
- Tener a mano **las cuatro últimas cifras del código de inscripción**, ya que tendrá que anotarlas en las hojas de respuestas.
- Ser muy puntual.

Antes de cada prueba, el candidato debe:
- Comprobar la hoja de confirmación de datos.
- Completar o confirmar el código de inscripción de las hojas de respuestas.

La hoja de respuestas se rellena de la siguiente manera:
- Apellido(s) y nombre, centro de examen, ciudad y país donde se examina, en mayúsculas y con bolígrafo.
- Las cuatro últimas cifras del código de inscripción (con lápiz del número 2). El código se pone dos veces, una con número y otra sombreando las casillas.
- Tiene que marcar las respuestas del examen con lápiz del número 2, como se indica a continuación:

Ojo: En algunos países o ciudades las hojas de respuestas vienen ya con los datos del candidato y las respuestas se rellenan con bolígrafo.

¡ATENCIÓN! FORMA DE MARCAR

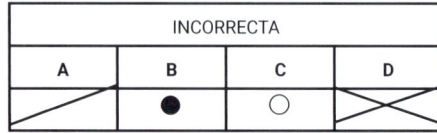

USE ÚNICAMENTE LÁPIZ DEL NÚMERO 2
CORRIJA BORRANDO INTENSAMENTE

Importante:
Se requiere la calificación de *apto* para cada uno de los dos grupos de pruebas en la misma convocatoria de examen.
Grupo 1: Comprensión de lectura y Expresión, mediación e interacción escritas.
Grupo 2: Comprensión auditiva y Expresión, mediación e interacción orales.
Cada grupo se puntúa sobre 50. La puntuación mínima para resultar apto es de 30 puntos.

En los exámenes originales los temas de cada una de las pruebas son diferentes entre sí. En este libro se ofrecen modelos de exámenes englobados por temas para facilitar el aprendizaje del vocabulario y el desarrollo de estrategias por parte del candidato.

Para más información recomendamos que visite la dirección oficial de los exámenes *https://examenes.cervantes. es/es/dele-para-escolares/que-es*, donde encontrará fechas y lugares de examen, precios de las convocatorias, modelos de examen y demás información práctica y útil, para que tenga una idea más clara y precisa de todo lo relacionado con estos exámenes.

ESTRUCTURA Y CONTENIDO DEL EXAMEN

PRUEBA N.º 1   Comprensión de lectura y uso de la lengua (75 min - 32 ítems) (Ver p. 128)

Tarea 1: - Comprender las ideas principales y la información específica en textos complejos.
- Leer un texto y responder a 5 preguntas con 3 opciones de respuesta cada una.
- Textos informativos de tipo divulgativo del ámbito público o educativo. (350-400 palabras)

Tarea 2 - Localizar la información específica y relevante e inferir valoraciones en textos breves.
- Leer 4 textos y relacionarlos con 6 enunciados.
- Textos temáticamente relacionados del ámbito público o educativo. (130-150 palabras)

Tarea 3 - Identificar y seleccionar las estructuras gramaticales y el léxico en un texto complejo.
- Leer un texto con 11 huecos y elegir una de las 3 opciones de respuesta para cada uno.
- Textos literarios o informativos de tipo divulgativo del ámbito público o educativo. (350-400 palabras)

Tarea 4 - Comprender las ideas principales y complementarias e inferir información implícita en textos complejos.
- Leer un texto y responder a 5 preguntas con 3 opciones de respuesta cada una.
- Textos periodísticos de carácter expositivo y argumentativo del ámbito público. (450-500 palabras)

Tarea 5 - Identificar la estructura y la relación entre las ideas en un texto complejo.
- Leer un texto con 5 espacios vacíos y reconstruirlo eligiendo, entre 7 fragmentos disponibles, el que corresponde a cada uno.
- Textos periodísticos o literarios expositivos del ámbito público o educativo. (450-500 palabras)

PRUEBA N.º 2   Comprensión auditiva (45 min - 30 ítems) (Ver p. 144) Audio descargable

Tarea 1 - Captar la idea principal y la información esencial de textos breves.
- Escuchar 7 monólogos y relacionarlos con 7 de los 10 enunciados propuestos.
- Monólogos sobre un mismo tema o asunto con una duración de 25-30 segundos cada uno.

Tarea 2 - Comprender la información específica y los detalles importantes en textos extensos.
- Escuchar una entrevista y responder a 8 preguntas con 3 opciones de respuesta cada una.
- Entrevista a una persona sobre obras o logros artísticos, deportivos... con una duración de 4-4,5 minutos.

Tarea 3 - Comprender las ideas principales y los detalles en un texto extenso y complejo.
- Escuchar un monólogo e identificar, entre los 12 enunciados disponibles, los 7 que corresponden al texto.
- Monólogo: charla, presentación, noticia, reportaje, pódcast... con una duración de 4-4,5 minutos.

Tarea 4 - Comprender información específica e inferir información implícita de los hablantes.
- Escuchar 4 conversaciones y, para cada conversación, responder a 2 preguntas con 3 opciones de respuesta cada una.
- Conversaciones personales o transaccionales entre dos personas con una duración de 25-30 segundos.

PRUEBA N.º 3   Expresión, mediación e interacción escritas (80 min) (Ver p. 153)

Tarea 1 - Resumir un texto oral y expresar una opinión en una redacción.
- Escuchar un texto oral, tomar notas y escribir un texto que respete el destinatario y las convenciones marcadas (150-180 palabras).

Tarea 2 - Elaborar, a partir de estímulos gráficos o escritos, un texto expositivo adecuado a un contexto específico.
- Elegir entre dos opciones. Opción 1: escribir un artículo para una publicación escolar a partir de una información dada. Opción 2: redactar un correo en respuesta a un texto breve. (180-220 palabras)

PRUEBA N.º 4   Expresión, mediación e interacción orales (25 min + 20 min de preparación) (Ver p. 158)
Esta prueba se realiza en parejas

Tarea 1 - Resumir un texto escrito informativo y expresar una opinión mediante una exposición oral.
- Elegir una opción de dos posibles. Preparar la tarea. Hacer una exposición oral individual a partir de las notas tomadas durante la lectura del texto elegido. Escuchar la exposición del/de la compañero/a.

Tarea 2 - Responder a preguntas de una entrevista de carácter complejo con ejemplos y argumentos.
- Responder individualmente a una pregunta del/de la compañero/a y varias del/de la examinador/-a sobre el tema de la exposición de la Tarea 1.

Tarea 3 - Narrar una anécdota personal en pasado. Preparar la tarea.
- Narrar en pasado una anécdota personal relacionada con el tema de la exposición de la Tarea 1.

Tarea 4 - Intercambiar ideas, negociar, valorar ventajas y desventajas de distintas opciones, y expresar y justificar opiniones para llegar a un acuerdo con el/la interlocutor/-a.
- Participar en una conversación improvisada con el/la compañero/a con el fin de llegar a un acuerdo para elegir, en una situación dada, una opción entre 4 posibles.
- Descripción de una situación ficticia, pautas para la negociación e ilustraciones gráficas o textos breves (fotografías, anuncios, eslóganes, etc.) que representan las 4 opciones para elegir.

examen

1

La persona, su entorno y la vivienda

VOCABULARIO
FICHA DE AYUDA PARA LA EXPRESIÓN E INTERACCIÓN ORAL Y ESCRITA

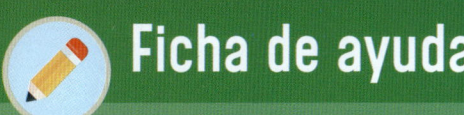 **Ficha de ayuda**

CARACTERÍSTICAS FÍSICAS Y CARÁCTER

gesto, expresión ....
labios finos/gruesos/carnosos
....
nariz chata ....
ojo saltón/rasgado/hundido
....
peca ....
rizo ....
ser de estatura normal/media
....

tener ....
~ arrugas ....
~ una cicatriz ....
~ buen/mal aspecto ....
~ buena/mala cara ....

altruista ....
ambicioso/a ....
callado/a ....
cobarde ....

constante ....
estar acomplejado/a ....
hospitalario/a ....
humilde ....
íntegro/a ....
prepotente ....
solidario/a ....
tacaño/a ....

RELACIONES PERSONALES Y SOCIALES

amigo/a íntimo/a ....
antepasados/as ....
bisabuelo/a ....
bisnieto/a ....
familia numerosa ....
familiar cercano ....
familiar lejano ....
madrastra ....
mellizos/as ....
niñez ....
padrastro, madrastra ....

parientes ....
parto ....
preadolescencia ....
trillizos/as ....
vejez ....
convivir ....
crecer ....
dar a luz ....
fallecer ....
ser como dos gotas de agua ....
sobreproteger ....

ESTADOS DE ÁNIMO

agobiado/a ....
(des)animado/a ....
avergonzado/a ....
disgustado/a ....
dolido/a ....
fascinado/a ....
indignado/a ....
(des)ilusionado/a ....
resignado/a ....
satisfecho/a ....
sin ánimo(s)

VIVIENDA Y TAREAS DOMÉSTICAS

amueblar ....
casero/a ....
estar de alquiler ....
hacer la colada ....
inquilino/a ....
quitar el polvo ....
recoger la casa ....
trasladarse a ....
vecindario

EXPRESIONES

estar como un flan ....
estar en los huesos ....
estar hasta las narices ....
estar hecho polvo ....
estar negro ....
hacer buenas migas ....
llevarse como el perro y el gato .....
ponerse de los nervios ....
sacar de quicio ....
ser uña y carne ....

VERBOS

aguantarse ....
arrepentirse ....
avergonzarse ....
compadecer ....
envidiar ....
fastidiarse ....
lamentar ....
pelearse ....
reñir ....
resignarse

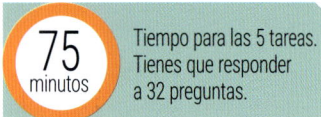

75 minutos Tiempo para las 5 tareas. Tienes que responder a 32 preguntas.

TAREA 1

Vas a leer un texto sobre el culto al cuerpo entre los jóvenes. Después, debes contestar a las preguntas (1-5), seleccionando la respuesta correcta (a, b o c).

El culto al cuerpo gana adeptos entre los más jóvenes

El culto al cuerpo va ganando cada vez más adeptos y las redes sociales son el lugar donde se exponen los cánones estéticos actuales que los jóvenes intentan imitar. Si hasta hace unos años los tratamientos de cirugía estética estaban reservados a casos excepcionales y se centraban principalmente en personas adultas, ahora son más y también más jóvenes los que hacen uso de estos recursos para cambiar su imagen corporal.

Paola ha decidido inyectarse ácido hialurónico en los labios para conseguir una boca más carnosa. El efecto no es permanente, dura aproximadamente un año y medio, y el tratamiento cuesta entre 300 y 600 euros por sesión, de las que necesitará más de una. Paola tiene 29 años y ya se ha inyectado toxina botulínica para corregir algunas arrugas de la frente.

La edad media para acceder a este tipo de tratamientos ha pasado de los 35 a los 20 años. También la afluencia ha aumentado y se han abierto un 20 % más de centros de medicina estética desde 2019. Asimismo, las intervenciones quirúrgicas, que suponen un mayor riesgo y una recuperación más prolongada, son frecuentes. El operarse muy joven supone que tendrás que hacerlo más veces, ya que el cuerpo sigue cambiando.

Eva va a someterse a una operación para suprimir la poca grasa que le queda en el abdomen y poder marcar abdominales: «Hago muchísimo deporte, pero no consigo eliminar la grasa de la zona baja de la tripa y eso me acompleja. Por ello, no quedo, a lo mejor, con unos amigos para ir a la playa o a un chiringuito. Soy consciente de que la operación es molesta, pero va a merecer la pena», cuenta.

Javier Rojas tiene 28 años y ha acudido al centro Menflairs para modificar el color de su labio superior. «Me he hecho un tratamiento de plasma para mejorar mi piel y me quiero corregir las pequeñas bolsas de los ojos, también hacerme un tratamiento con ácido hialurónico para marcar el mentón», explica. Tan pronto ha terminado el tratamiento, Javier lo sube a su cuenta de Instagram. Aún le queda para ser un *instagrammer* profesional, pero, con casi 12 000 seguidores, va camino de serlo. En las redes sociales, mostramos nuestro mejor perfil y es el lugar donde los jóvenes encuentran el ideal de belleza al que aspiran. Los *influencers* se convierten en los nuevos ídolos, muchas veces modelos que imitar, a cualquier precio.

Adaptado de www.rtve.es

PREGUNTAS

1. Las redes sociales:
    a. Antes se dirigían más a las personas adultas.
    b. Hacen publicidad de las clínicas de cirugía estética.
    c. Difunden los estándares de belleza contemporáneos.

2. La inyección de ácido hialurónico en los labios de Paola:
    a. Empezará a surtir efecto después de un año y medio.
    b. No es el primer tratamiento de belleza que se hace.
    c. Costará como máximo 600 euros.

3. Según el texto:
    a. Cada vez más gente acude a las clínicas de estética.
    b. Las operaciones estéticas son cada vez más peligrosas.
    c. Es mejor operarse cuando se es joven.

4. Eva se va a someter a una operación porque:
    a. Tiene bastante grasa en el abdomen.
    b. Sabe que es una operación poco dolorosa.
    c. Su complejo influye en su vida social.

5. Javier Rojas:
    a. Es un *influencer* en el mundo de los tratamientos de estética.
    b. Se inspiró en las redes sociales para las mejoras que se ha hecho.
    c. Ha colgado los resultados de sus tratamientos en Internet.

TAREA 2

Vas a leer las definiciones de cuatro tipos de amigo publicadas en la sección de psicología de un periódico digital. Relaciona los enunciados (6-11) con los textos (A, B, C o D).

Recuerda: hay textos que deben ser elegidos más de una vez.

A. El amigo empático

Uno de los tipos más valorados en psicología es el amigo empático. La empatía, entendida como la capacidad de ponerse en el lugar del otro, permite que estas personas sean un pilar emocional. No necesitan tener todas las respuestas ni ofrecer soluciones inmediatas; su valor está en su capacidad para estar presente sin juzgar. Suelen ofrecer consuelo y validación en momentos de incertidumbre o tristeza. El amigo empático es ese que sabe escuchar con el corazón. Este tipo de amigo no solo escucha, sino que realmente comprende, ayudando a procesar emociones complejas. Según estudios psicológicos, la empatía fomenta la madurez emocional, un elemento crucial para el bienestar. Tener a alguien con quien compartir tus sentimientos sin miedo al juicio puede ser una herramienta transformadora en la búsqueda del autoconocimiento.

B. El amigo brutalmente honesto

Otro perfil destacado es el del amigo brutalmente honesto. Aunque puede resultar incómodo al principio, su sinceridad aporta una perspectiva directa sobre situaciones que otros podrían evitar mencionar. Su franqueza, aunque a veces duela, nace del afecto y del respeto. Es el primero en decirte que te estás equivocando, que estás repitiendo errores o que estás evitando enfrentar lo que te afecta. No le interesa quedar bien, sino ayudarte a crecer. Este tipo de amistad se basa en la franqueza como forma de apoyo. La psicología subraya que las críticas constructivas son esenciales para el crecimiento personal. Estos amigos te enfrentan a tus errores de manera clara, promoviendo la introspección y el cambio positivo. Su rol no es herir, sino empujar a reflexionar, haciendo realidad el dicho «La verdad duele, pero también cura».

C. El amigo resiliente

Este tipo de amigo no se victimiza ni se rinde: transforma el dolor en aprendizaje. Cuando estás cerca de él, te das cuenta de que las heridas no tienen por qué destruirte, que también pueden hacerte más sabio. La resiliencia es una cualidad clave en el desarrollo personal, y los amigos que la poseen suelen ser una fuente de inspiración. Estas personas han enfrentado situaciones adversas y han encontrado formas de superarlas, transmitiendo lecciones valiosas a quienes los rodean. Observar cómo manejan las dificultades proporciona un modelo para enfrentar los propios desafíos. Además, su capacidad para adaptarse a las circunstancias adversas enseña que cada contratiempo es una oportunidad de aprendizaje. Según los especialistas, rodearse de personas resilientes puede mejorar nuestra propia capacidad para afrontar problemas. Tener a alguien así cerca te enseña que la resiliencia no es solo aguantar, sino crecer en medio de la adversidad.

D. El amigo con historias difíciles

Finalmente, el amigo que ha atravesado situaciones complicadas ofrece una perspectiva única sobre la vida. Su experiencia lo ha hecho menos propenso a juzgar. No dramatiza su pasado, pero tampoco lo esconde: lo acepta como parte de quien es. Este tipo de amigo te enseña a tener perspectiva, a valorar lo que tienes y a comprender que todos albergamos batallas invisibles. A su lado, aprendes a ser más humano. A veces, sus historias te estremecen; otras, te conmueven, pero siempre te impactan. Sus experiencias, aunque difíciles de escuchar, reflejan una gran fortaleza interior. Comparte sus historias no para despertar lástima, sino para mostrar que es posible salir adelante, incluso en las circunstancias más adversas. La psicología resalta que estas amistades nos enseñan a valorar los buenos momentos y a prepararnos para los desafíos inevitables. Su ejemplo ayuda a desarrollar la tolerancia a la frustración y a apreciar las pequeñas victorias.

Adaptado de https://okdiario.com

ENUNCIADOS

6. Este tipo de persona nos ofrece un ejemplo que imitar.

| A | B | C | D |

7. Se han vuelto más comprensivos gracias a sus vivencias personales.

| A | B | C | D |

8. La manera de ser de estas personas hace de ellas un apoyo afectivo.

| A | B | C | D |

9. Estas personas no te dejan indiferente.

| A | B | C | D |

10. Es capaz de adaptarse a situaciones problemáticas.

| A | B | C | D |

11. No le interesa complacerte, sino que evoluciones como persona.

| A | B | C | D |

Comprensión de lectura y uso de la lengua

TAREA 3

Lee el texto y rellena los huecos (12-22) con la opción correcta (a, b o c).

@prende.mx lanza el nuevo programa *El cuarto de Demetrio*, con el fin de acercar a adolescentes y jóvenes a temas sensibles.

Con el programa *El cuarto de Demetrio,* dirigido a adolescentes y jóvenes de entre 12 y 17 años, la Secretaría de Educación Pública de México (SEP), a través de la Dirección General @prende.mx, busca ofrecer un foro abierto para que sus participantes platiquen, con toda libertad, de sus intereses, preocupaciones y necesidades.

Se trata de un programa ____ **12** ____ busca ofrecer un foro abierto para platicar temas tabúes.

El concepto de *El cuarto de Demetrio* se ____ **13** ____ en su habitación, la de un adolescente de 16 años de edad que platica con otras y otros jóvenes ____ **14** ____ diferentes temas: las drogas, la escuela, el racismo, el sexo, los videojuegos, las fiestas, la depresión, Internet, etc. Ahí pueden hablar de sus intereses, preocupaciones y necesidades con toda la libertad.

Cada programa es ____ **15** ____ por una psicóloga especialista que organiza y contextualiza las ideas de los participantes, sin censurar, juzgar o señalar. ____ **16** ____, se orienta sobre las instituciones que apoyan a los adolescentes y jóvenes en diferentes situaciones.

____ **17** ____, Demetrio contará con el canal de Twitch *El otro cuarto*, ____ **18** ____ los martes, después del estreno de cada episodio, se conectará para profundizar sobre diferentes temas e inquietudes ____ **19** ____ en los programas, abordará las preguntas que lleguen por redes sociales y los temas que aparezcan en la transmisión.

En las redes sociales de @prende.mx habrá foros para que los adolescentes ____ **20** ____ compartir dudas, experiencias y comentarios sobre los temas de cada episodio. ____ **21** ____ un canal de Telegram se compartirán fragmentos de los episodios, infografías, *stickers*, *gifs* y material adicional para los usuarios que se unan a la conversación.

El programa se estrenará en el canal Ingenio 14.2 de televisión abierta, el jueves 17 de noviembre a las 09:00 pm, y habrá un episodio nuevo cada semana. En televisión ____ **22** ____ cable estará en el 135 de Megacable, 164 Totalplay, 306 de Dish, 131 Axtel, 260 de Sky y 480 de Izzi o en *streaming* en la página aprende.gob.mx/ingenio.

Los viernes se publicará el episodio en el canal de YouTube de @prende.mx, en el que el público en general puede compartir sus dudas o comentarios para las siguientes transmisiones.

Adaptado de www.gob.mx

OPCIONES

12. a. el que	b. quien	c. que
13. a. desarrolla	b. sucede	c. pasa
14. a. alrededor	b. sobre	c. por
15. a. asesorado	b. influido	c. indicado
16. a. Encima	b. Para colmo	c. Además
17. a. En otra parte	b. Por otro lado	c. De otro lugar
18. a. donde	b. cuando	c. que
19. a. encontrados	b. parecidos	c. surgidos
20. a. podrían	b. pudieran	c. puedan
21. a. A través de	b. En medio de	c. Para
22. a. de	b. a	c. por

TAREA 4

Vas a leer un texto sobre los valores morales en la adolescencia. Después, contesta a las preguntas (23-27), seleccionando la respuesta correcta (a, b o c).

LOS VALORES MORALES EN LA ADOLESCENCIA

Los valores morales son muy importantes en la vida del adolescente. Surgen primordialmente por influjo en el seno de la familia y, para que esta transmisión de valores se dé, es de vital importancia la calidad de las relaciones con las personas adultas significativas en su vida: sus padres, parientes y, posteriormente, maestros. Fomentar los valores en la adolescencia siempre deberá ser una tarea repartida entre la familia, las instituciones educativas y la comunidad.

Para que pueda haber un desarrollo ético y responsable durante la adolescencia, los valores morales desempeñan un papel fundamental, ya que este periodo de la vida es crucial para la internalización de principios éticos fundamentales. Los valores éticos responden a las convicciones, mientras que los morales expresan el comportamiento ante las normas establecidas por la sociedad. El problema es hacer converger los valores éticos y morales; de lo contrario, estaríamos hablando de una doble moral. Los docentes y los padres deben ser ejemplos de ética y moral para los niños y adolescentes.

Se ha logrado demostrar que el deporte practicado durante la infancia y la adolescencia es un escenario muy apropiado para fomentar hábitos saludables y valores morales que contribuirán significativamente a la formación integral de los futuros adultos. Su enorme atractivo, el impacto de los modelos sociales que son los deportistas de élite, las características tan estimulantes de la práctica deportiva, el componente lúdico, las emociones intensas que están presentes y la buena disposición de alumnos y padres hacen que el deporte sea un instrumento formativo de valores muy preciado.

De hecho, los valores morales son muy importantes en la vida del adolescente, ya que les ayudan a tomar decisiones éticas y fomentan la integridad y la autoestima. Asimismo, debe quedar muy claro el poder diferenciar entre lo que es tomar decisiones correctas o incorrectas, ya que de esto depende muchas veces el futuro de sus vidas. También la internalización de valores morales fortalece las relaciones interpersonales, al promover el respeto y la empatía, y contribuir a llevar un estilo de vida con una identidad auténtica y coherente. Además, es importante la forma en que las figuras de autoridad influyen significativamente en la adopción de valores morales por parte de los adolescentes.

La vida moderna constituye un reto y a la vez una incertidumbre, en medio de la cual los jóvenes se encuentran elaborando su identidad. Existen muchos obstáculos, prejuicios y temores respecto a la capacidad del adolescente, siendo así que el entorno que lo rodea, en lugar de facilitar su desarrollo, muchas veces lo entorpece, ofreciendo una serie de condiciones riesgosas para su salud, como la vida nocturna, los medios de comunicación, las pandillas, etc. Y, al no encontrar oportunidades para su paso hacia la adultez, pudieran encaminarse en acciones peligrosas.

En conclusión, el desarrollo de valores morales en la adolescencia es fundamental para el crecimiento personal y la formación de ciudadanos éticos en la sociedad.

Adaptado de https://pediatradelacademia.com

PREGUNTAS

23. El desarrollo de los valores morales:
   a. Es responsabilidad compartida de quienes rodean al adolescente.
   b. No depende más que de las relaciones familiares.
   c. No se alcanza plenamente hasta llegar a la edad adulta.

24. Los valores éticos:
   a. Son más importantes que los morales.
   b. Es importante que coincidan con los morales.
   c. Son diferentes entre los chicos y los adultos.

25. Uno de los aspectos positivos del deporte en la adolescencia es:
   a. Que podrá seguir siendo practicado cuando sean adultos.
   b. Que padres e hijos pueden practicarlo juntos.
   c. El papel de los deportistas de élite como ejemplo que seguir.

26. Los valores morales influirán en que los adolescentes:
   a. Respeten a las figuras de autoridad.
   b. Tengan mejores relaciones con los demás.
   c. Tomen mejores decisiones.

27. A veces los adolescentes actuales:
   a. Se ven en situaciones peligrosas por los estímulos de su alrededor.
   b. Pueden perder oportunidades al pasar a la vida adulta.
   c. Pierden su identidad debido a la vida moderna.

Comprensión de lectura y uso de la lengua

TAREA 5

Vas a leer un texto del que se han extraído cinco párrafos. A continuación, lee los siete fragmentos propuestos (A-G) y decide en qué lugar del texto (28-32) hay que colocar cada uno. Hay dos fragmentos que no tienes que elegir.

DÍA DE MUERTOS
Origen y curiosidades de la tradición mexicana

Desde finales de octubre y hasta el 2 de noviembre, México se llena de altares, catrinas* y ofrendas en los que los muertos son bienvenidos y venerados. El Día de Muertos, una de las festividades más importantes del país, tiene su origen hace más de 500 años. **28.** _____ En la visión indígena, el Día de los Muertos implica este tránsito de las ánimas, que regresan para convivir con los familiares y compartir los alimentos que se les ofrecen en los altares.

El origen de esta tradición proviene de la mezcla entre la conmemoración que los indígenas realizaban en tiempos prehispánicos y la celebración de los rituales religiosos católicos del Día de los Difuntos importada por los españoles. De acuerdo con el calendario católico, el 1 de noviembre corresponde a Todos los Santos, día dedicado a los *muertos chiquitos* o niños, y el día 2 de noviembre a los Fieles Difuntos, a los adultos. **29.** _____ _____ Además, esas fechas coincidían con el final del ciclo agrícola del maíz.

Aunque cada región mexicana tiene sus propias tradiciones, todas poseen rasgos en común. Uno de los más importantes es la colocación de altares. **30.** _____ _____ Actualmente se elabora con harina de trigo, azúcar, huevo y levadura y se adorna con figuras de huesos cruzados sobre las que se espolvorea azúcar. En los altares también está presente el copal, una resina aromática cuyo humo se considera alimento de las divinidades celestes, así como objetos artesanales y los manjares favoritos del difunto.

Declarado Patrimonio de la Humanidad por la Unesco en 2008 por su importancia tradicional, integradora, representativa y comunitaria, cada región de México tiene sus propias variaciones. Por ejemplo, el pequeño poblado de Mixquic es uno de los lugares más visitados durante estos días, ya que coincide con la feria del pueblo. **31.** _____ _____

Por su parte, el 1 de noviembre la isla de Janitzio, en Michoacán, honra a los *angelitos* (niños fallecidos) en una procesión nocturna de canoas adornadas con velas, platillos y bebidas. **32.** _____ Allí reciben a las almas de los muertos al ponerse el sol; y, en Xochimilco, la escenificación de la Leyenda de la Llorona atrae a propios y extraños año tras año.

Adaptado de https://viajes.nationalgeographic.com.es

*catrinas: figura, calavera elegante que lleva flores en la cabeza.

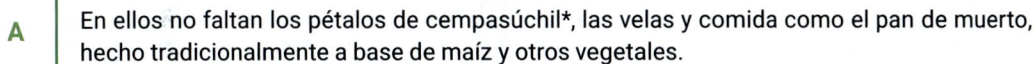

FRAGMENTOS

A En ellos no faltan los pétalos de cempasúchil*, las velas y comida como el pan de muerto, hecho tradicionalmente a base de maíz y otros vegetales.

B El mismo día, en la Ciudad de México, millones de visitantes se dan cita en el panteón de San Andrés Mixquic para honrar a los difuntos adultos.

C En ella se celebra el retorno transitorio a la Tierra de los familiares y seres queridos fallecidos, quienes cruzan el Mictlán para estar con los mortales.

D A pesar de todo, en la época prehispánica el culto a la muerte era uno de los elementos básicos de la cultura.

E Los antiguos mexicas, mixtecas, texcocanos, zapotecas, tlaxcaltecas, totonacas y otros pueblos originarios adaptaron la veneración de sus muertos al calendario cristiano.

F Aquí, cada 2 de noviembre se realiza *La Alumbrada*, donde miles de velas iluminan las tumbas decoradas con flores.

G Los cuerpos se envolvían en un petate y sus familiares organizaban una fiesta con el fin de guiarlos en su recorrido hasta el Mictlán.

Anota el tiempo que has tardado. Recuerda que solo tienes 75 minutos.

*La flor de cempasúchil simboliza el Día de Muertos.

PRUEBA 2

45 minutos

Tiempo para las 4 tareas.
Tienes que responder
a 30 preguntas.

TAREA 1

1

Vas a escuchar a siete jóvenes que hablan de una persona que ha tenido mucha influencia en su vida. Los oirás dos veces. Selecciona el enunciado (A-K) que corresponde al tema del que habla cada persona (1-7). Hay once enunciados incluido el ejemplo: selecciona siete.

Es importante leer primero los enunciados: tienes 30 segundos.

ENUNCIADOS

A	Es un miembro de su familia política.
B	Esta persona se lleva mal con el resto de la familia.
C	Hay muy poca diferencia de edad con esta persona.
D	Le dio ánimos cuando iba a rendirse.
E	Esta persona se ha ido a vivir lejos.
F	Tiene el mismo nombre que esa persona.
G	Hace mucho tiempo que no quedan.
H	Es muy diferente al resto de la familia.
I	La relación ha empeorado a lo largo de los años.
J	Esa persona falleció.
K	Esta persona no cumple el rol típico.

OPCIONES

0.	Persona 0	F
1.	Persona 1	
2.	Persona 2	
3.	Persona 3	
4.	Persona 4	
5.	Persona 5	
6.	Persona 6	
7.	Persona 7	

TAREA 2

2

Vas a escuchar una entrevista con Ona Gonfaus, una joven *influencer* que acaba de mudarse a Madrid. La oirás dos veces. Después, debes contestar a las preguntas (8-15) seleccionando la respuesta correcta (a, b o c).

Es importante leer primero las preguntas: tienes 60 segundos.

PREGUNTAS

8. Acerca de su llegada a Madrid, Ona afirma que:
- a. Le asusta la idea de no poder adaptarse.
- b. No conocía a nadie cuando llegó.
- c. Se ha acostumbrado en poco tiempo.

9. Lo que más le ha sorprendido de Madrid es que:
- a. Hay muchas actividades relacionadas con su trabajo.
- b. No le parece tan bonita como Barcelona.
- c. Es muy diferente de Sabadell.

10. Ona dice que entró en el mundo de las redes sociales:
- a. Porque su madrastra se lo sugirió.
- b. Haciendo vídeos cómicos.
- c. A una edad muy temprana.

11. En la entrevista, Ona habla de su actividad en las redes sociales y afirma que:
- a. Hasta hace poco no la tomaba como una profesión.
- b. Le supone mucho trabajo duro.
- c. Todavía no le produce un beneficio económico.

12. Ona dice que agradece a su padre que:
- a. Se divorciara pronto de su madre.
- b. Se casara con Raki.
- c. No tuviera muchas relaciones amorosas.

13. De su relación con su madrastra, Ona dice que:
- a. No es tan buena como parece en las redes sociales.
- b. Ha tenido mucha suerte.
- c. Es mejor que con su familia.

14. Respecto a su madrastra, Ona dice que:
- a. Mucha gente siente lo mismo por sus madrastras.
- b. Sus amigos no se creen que tenga tan buena relación con ella.
- c. Se llevó muy bien con ella desde el principio.

15. Ona dice que Raki:
- a. Se mete demasiado en su vida.
- b. Le ha ayudado a llegar donde ha llegado.
- c. Es un poco autoritaria.

Preparación Diploma de Español Escolar (Nivel B2/C1)

Comprensión auditiva

TAREA 3 3

Vas a escuchar un episodio de un pódcast que habla sobre la situación de los jóvenes españoles a la hora de comprar una vivienda. Lo oirás dos veces. De los doce enunciados que aparecen debajo (A-L), deberás elegir los siete (16-22) que corresponden al pódcast.

Es importante leer primero los enunciados: tienes 60 segundos.

ENUNCIADOS

A. Marta paga 80 € mensuales en suministros.

B. El caso de Marta no es semejante al de otros muchos jóvenes españoles.

C. Los jóvenes europeos suelen independizarse una vez cumplidos los treinta años.

D. Ha habido un retroceso económico en España en los últimos años.

E. El padre de Marta pagó el equivalente a sus ganancias de cinco años.

F. Aun con la ayuda de sus padres, Marta no podría acceder a una hipoteca.

G. No hay suficientes viviendas en alquiler para satisfacer la demanda.

H. Para optar a la compra de una vivienda hay que contar con una cantidad inicial elevada.

I. Actualmente la mayoría prefiere tener una vivienda en propiedad.

J. En estos momentos el Estado no invierte en vivienda social.

K. Las cuotas de una hipoteca y el precio mensual de un alquiler son equiparables.

L. Según el Banco de España, los jóvenes son menos ahorrativos que sus padres.

Marca solamente las siete opciones.

16-22	A	B	C	D	E	F	G	H	I	J	K	L

TAREA 4

Vas a escuchar cuatro conversaciones entre dos personas. Las oirás dos veces. Después, debes contestar a las preguntas (23-30) seleccionando la opción correcta (a, b o c).

Es importante leer primero las preguntas: tienes 40 segundos.

PREGUNTAS

Conversación 1   4

23. La chica está enfadada con el chico porque:
- a. No ha colaborado en la preparación de la presentación.
- b. Va a hacer la presentación con otro compañero y no con ella.
- c. No le gusta el tema que ha elegido para la presentación.

24. Finalmente, la chica:
- a. Va a hacer la presentación sola.
- b. Va a presentar con Pablo.
- c. Va a consultar con la profesora.

Conversación 2   5

25. Al chico no le interesa el piso del centro porque:
- a. La terraza era pequeña.
- b. No le gustó el propietario.
- c. Solo tiene un cuarto de baño.

26. La chica le dice:
- a. Que compre muebles usados.
- b. Que busque piso en Internet.
- c. Que es mejor alquilar en Berlín.

Conversación 3   6

27. El padre piensa que:
- a. Las alfombras no pasan de moda.
- b. El espejo es muy caro.
- c. La lámpara da mucha luz.

28. Para que le compren el espejo, la chica debe:
- a. Encargarse de la ropa.
- b. Fregar los platos.
- c. Limpiar el suelo.

Conversación 4   7

29. Silvia ha estudiado antes en:
- a. Estados Unidos.
- b. Líbano.
- c. Uruguay.

30. A Silvia le parece que:
- a. Es difícil relacionarse con los españoles.
- b. Los españoles son demasiado francos.
- c. Es muy difícil estudiar en español.

Anota el tiempo que has tardado. Recuerda que solo tienes 45 minutos.

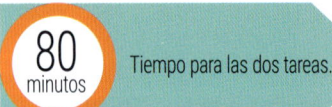

80 minutos   Tiempo para las dos tareas.

TAREA 1

En la vida de los jóvenes, la amistad pasa a ocupar un puesto muy importante. En el instituto te han pedido que escribas una redacción sobre este tema.

Vas a escuchar una presentación sobre la importancia de la amistad en la etapa de la adolescencia. Toma notas para luego utilizarlas en tu texto.   8

Escribe una redacción en la que deberás:

- Introducir el tema.
- Resumir las ideas principales de una presentación sobre la importancia de la amistad en la adolescencia.
- Opinar sobre lo que se dice en la presentación.
- Comentar si, según tu experiencia, es verdad lo que dice el experto.

Número de palabras: entre 150 y 180.

Ayudas para esta tarea

Para tomar notas mientras escuchas:
- Anota las ideas principales, no frases enteras.
- Puedes usar abreviaturas o símbolos: ej. (*ejemplo*); tb. (*también*); + (*más*); = (*igual*).
- Identifica los marcadores como *la primera* y *en cambio*.

Para introducir el tema:
- *Las amistades son algo muy importante en la vida de una persona.*
- *Las amistades son un pilar fundamental en la construcción de la identidad y en la manera de relacionarse con el mundo.*

Para referirte a lo que has escuchado:
- *La conferenciante afirma que...*
- *Según lo que dice el experto...*

Expresar la opinión:
- *Es evidente que la familia sigue siendo importante, pero...*
- *A mi modo de ver, estamos más cómodos con amigos del mismo sexo.*
- *Está claro que las amistades que se hacen en la adolescencia son muy importantes.*

Para hablar de tu experiencia personal sobre este tema:
- *A mi juicio, con un amigo podemos hablar de cosas de las que no hablaríamos con nuestros padres.*
- *En mi caso personal, solo tengo un amigo que puedo considerar íntimo.*

TAREA 2

Opción 1

En tu instituto han organizado un concurso de redacción sobre el tema ¿Casarse o no casarse? y quieres participar. Para ayudaros, os han dado este gráfico con los datos de una encuesta realizada a jóvenes españoles entre 15 y 30 años. Escribe un ensayo para presentarte al concurso, en el que deberás:

- Hacer una introducción al tema.
- Comentar los datos del gráfico y dar tu valoración.
- Exponer tus planes de futuro respecto a formar o no una familia y de qué manera.

Número de palabras: entre 180 y 220.

Formar una familia o seguir la tradición son los principales motivos de los jóvenes que deciden casarse

Motivos de la población joven soltera para decidir casarse o no (%)

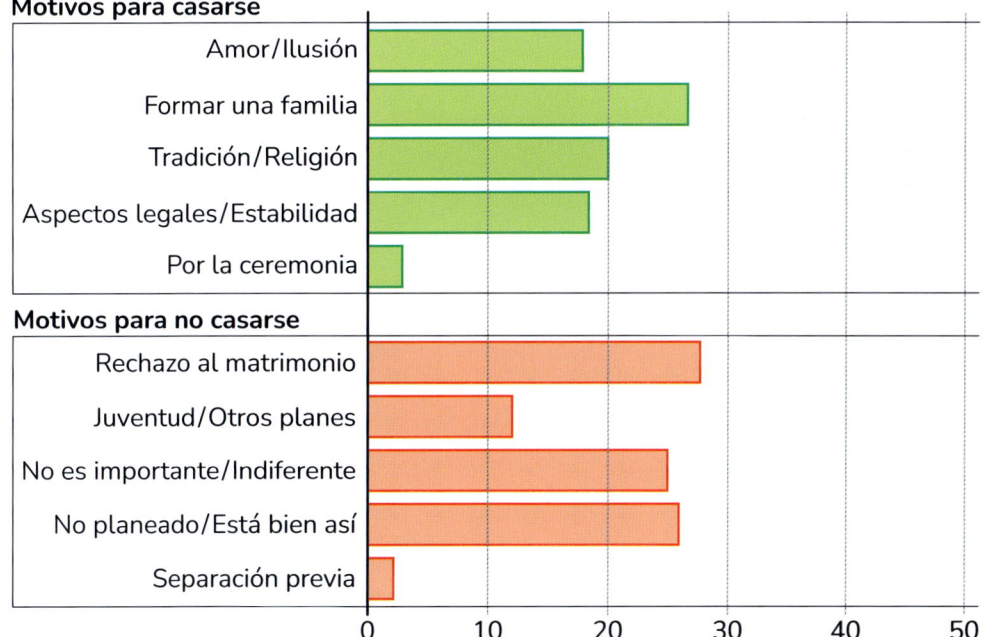

Fuente: elaboración propia a partir de los datos de la encuesta *Percepción, interés y motivación de las personas jóvenes para formar una familia*. Observatorio Social de la Fundación "la Caixa"

Expresión, mediación e interacción escritas

Ayudas para esta tarea

Introducir el tema:
- *Formar una familia es una decisión que marca un antes y un después en la vida de las personas.*
- *La familia es, ha sido y será uno de los pilares más importantes de la sociedad.*
- *La idea de formar una familia ha estado presente en todas las culturas y épocas, pero hay factores que van cambiando en cada época.*

Organizar el discurso:
- *Respecto a los motivos para casarse, destaca el deseo de formar una familia.*
- *La religión sigue teniendo importancia a la hora de casarse. De hecho, es el segundo motivo para los jóvenes entrevistados.*

Valorar:
- *Me parece sorprendente que alguna gente decida casarse tan solo por la ceremonia.*
- *Me resulta interesante que tantos jóvenes sientan rechazo por el matrimonio.*
- *Es curioso que el hecho de formar una familia esté por delante del amor.*

Hablar del futuro:
- *Aunque todavía soy joven, mis planes para el futuro son…*
- *Me gustaría, de aquí a unos años, tener una familia.*
- *Espero que dentro de unos años…*

Opción 2

Has encontrado en el instituto una convocatoria de becas para estudiar un curso escolar en el extranjero mientras convives con una familia local. Para optar a dicha beca necesitas presentar tu expediente académico y una carta de motivación. En la carta deberás:

- Poner el lugar y la fecha.
- Expresar el motivo de la carta: qué beca estás solicitando y por qué.
- Presentarte y hablar de tu formación académica (estudios, habilidades y experiencias).
- Exponer los motivos por los que presentas tu candidatura y razones por las que piensas que eres un candidato idóneo.
- Explicar tu interés en la beca hablando de tus metas a corto y largo plazo y de cómo esta oportunidad te ayudará a alcanzarlas.

Número de palabras: entre 180 y 220.

Convocatoria de 50 becas para estudiar un curso académico en el extranjero

La beca cubre todos los servicios necesarios: viaje, tasas de escolarización y matrícula en un instituto público, alojamiento y manutención en una familia anfitriona, seguro médico y de accidentes, convalidación del año académico y apoyo continuado durante la estancia.

Enviar expediente escolar y carta de motivación a *becasextranjero@becas.com* antes del 30 de abril.

Ayudas para redactar una carta

Lugar y fecha:
- *Sevilla, 21 de septiembre de 2026*

Encabezamiento:
- *Estimados señores o Estimado Sr. + apellido o Estimada Sra. + apellido*

Motivo de la carta:
- *Escribo en relación con el anuncio publicado en la revista escolar referente a una beca... He visto en el tablón de anuncios del instituto la convocatoria de una beca y les escribo para solicitarla. La razón/El motivo por la/el que les escribo es solicitar...*

Presentarte y hablar de tu formación académica:
- *Soy estudiante de...; He realizado cursos de...; He cursado...*

Hablar de habilidades y cualidades:
- *Tengo facilidad para adaptarme a situaciones nuevas. Se me dan bien los idiomas. Tengo un buen nivel de...; Soy una persona responsable, organizada...*

Motivos por los que presentas tu candidatura y razones por las que piensas que eres un candidato idóneo:
- *Me interesa especialmente esta beca, en la medida en que... Creo que puedo aportar...; Estoy convencido de que puedo colaborar en...*

Exponer tu interés en la beca hablando de tus metas a corto y largo plazo y cómo esta oportunidad te ayudará a alcanzarlas:
- *Considero que esta beca me será de gran ayuda, ya que en el futuro pienso dedicarme a...; Pienso que esta beca me ayudará para, en un futuro...*

Preparación Diploma de Español Escolar (Nivel B2/C1)

>>>> **PRUEBA 4**

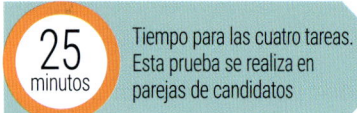

25 minutos — Tiempo para las cuatro tareas. Esta prueba se realiza en parejas de candidatos

Tiempo para la preparación **20** minutos

TAREA 1

EXPOSICIÓN ORAL SOBRE UN TEMA

Debes elegir un texto y realizar una exposición oral durante dos o tres minutos sobre el texto que has preparado. Durante la exposición puedes mirar tus notas, pero no leerlas.

Mientras un/-a candidato/a realiza su exposición, el/la otro/a escucha con atención para formularle una pregunta al empezar la Tarea 2.

En tu exposición debes:
- Resumir los puntos principales del texto.
- Expresar tu opinión sobre el tema.

El Consejo Escolar propone medidas ante el déficit de participación en todos los sectores

El Consejo Escolar de Canarias ha presentado un informe con medidas para paliar el déficit de participación educativa, que, según esta entidad, afecta a todos los colectivos y áreas involucrados.

Los datos reflejan que las familias donde la madre lidera el seguimiento escolar, y en contextos de menor nivel socioeconómico, son las que más asisten al centro de sus hijos, al contrario de lo que sostienen algunos sectores del ámbito educativo. A su vez, la asistencia al centro está «fuertemente» determinada por el nivel educativo y ocupacional de los padres, de forma que las familias con mayores recursos tienen una participación más equilibrada, mientras que en los hogares de menor nivel socioeconómico se concentra la responsabilidad prácticamente en la madre.

Respecto a la participación de familias y alumnado en las AMPA (Asociaciones de Madres y Padres), se dice que es generalmente baja, aunque se destacan perfiles algo más activos en familias de centros públicos y/o migrantes de primera generación, madres con estudios primarios o en hogares con empleos de menor cualificación, lo que desafía los estereotipos de que las familias con menores recursos no se involucran.

También se estudia el asociacionismo de los estudiantes: aunque el 79 % considera que las personas jóvenes deben asumir tareas colectivas y el 77 % que su participación en el aula y centro es importante, dudan sobre la valoración que los adultos otorgan a su contribución, lo que les puede frenar a la hora de participar. Para incrementar la participación en este ámbito, el Consejo propone implementar desde los niveles iniciales una metodología que fomente la participación, como asambleas o la coevaluación. También facilita la creación de las asociaciones por parte de la administración simplificando los trámites legales, incorporando la tramitación en la sede electrónica y modificando la normativa para garantizar la participación de menores de 14 años.

Asimismo, incide en la importancia de aumentar la credibilidad de las juntas de delegados y delegadas y el Consejo Escolar a través de la efectividad de estos órganos, ya que una participación meramente formal puede provocar frustración y desconfianza respecto a las instituciones. Para el Consejo Escolar de Canarias es una prioridad establecer cauces de comunicación reglados en todos los niveles de los diferentes tipos de consejos escolares, así como facilitar la colaboración entre la junta de delegados y delegadas, las AMPA y las asociaciones estudiantiles, mediante el establecimiento de los centros educativos como mediadores.

La participación, concluye el estudio, no surge por sí sola: necesita una cultura compartida que se enseñe desde la escuela y se promueva desde toda la sociedad.

Adaptado de https://www.magisnet.com

Ayudas para la exposición oral

Consejos para hacer un buen resumen:
- Lee el texto, identifica las ideas clave (puedes subrayarlas) y elimina los detalles irrelevantes.
- Escribe la información manteniendo el orden del texto original, pero usando tus propias palabras.
- Usa conectores para relacionar las ideas.
- El resumen debe ser breve y claro.

- Expresar la opinión:
- *(Yo) considero que...*
- *A mi modo de ver...*
- *Yo no diría que...*
- *A mi entender...*

Expresión, mediación e interacción orales

TAREA 2

ENTREVISTA SOBRE EL TEMA DE LA EXPOSICIÓN

Ahora tu compañero/a te va a formular una pregunta y, luego, el/la examinador/-a te hará una pequeña entrevista relacionada con el tema de la Tarea 1. Debes responder a las preguntas y justificar tus opiniones. Dispones de dos minutos.

Para preguntar al/a la compañero/a sobre su intervención puedes usar estas estructuras:

- *No me ha quedado muy claro lo que has dicho acerca de…*
- *¿Me puedes aclarar lo que has comentado sobre…?*

Para contestar a la pregunta de tu compañero/a, puedes utilizar:

- *No me has entendido, lo que quería decir es…* • *Sí, efectivamente, esa es mi opinión.*

Estas son las preguntas que el/la examinador/- a puede hacerte en la entrevista.

Tu entorno y tú

- **Tu participación en las asambleas de estudiantes:** *¿Participas en las reuniones de alumnos? ¿Alguna vez has sido delegado/a de clase?*
- **Tu familia:** *¿Tus padres suelen ir a las reuniones del colegio? ¿Van los dos? ¿En tu casa quién suele estar más pendiente de tus estudios, tu madre, tu padre o ambos por igual?*
- **Impacto:** *¿Has sentido que tu opinión como estudiante ha sido tomada en cuenta en decisiones del colegio/instituto?*
- **Tu entorno escolar y social:** *¿Algún profesor o alguna profesora te ha animado a implicarte más en la vida del centro? ¿Qué pasó después?*

Reflexión y ampliación sobre el tema

- **Participación de las familias:** *¿Por qué crees que, según el informe, las familias con menos recursos pueden llegar a implicarse tanto o más que las de mayor nivel económico?*
- **Papel del instituto:** *¿Qué cosas podrían enseñarse en la escuela para que los niños y jóvenes se impliquen más en la vida del centro y en la sociedad?*
- **Autoridades educativas:** *¿Qué podrían hacer las autoridades para fomentar la participación?*
- **Preparación para el futuro:** *¿Crees que participar activamente en las decisiones del instituto ayuda a los adolescentes a ser mejores ciudadanos en el futuro? ¿Cómo?*

TAREA 3

EXPERIENCIA PERSONAL O ANÉCDOTA SOBRE ESTE TEMA

Vas a contar una anécdota del pasado relacionada con tu colegio o instituto por la que hubo que convocar una reunión entre el equipo directivo, los profesores, los padres y los estudiantes. Dispones de un minuto y medio. Durante la exposición puedes mirar tus notas, pero no leerlas.

- ¿Qué había pasado?
- ¿Qué postura tenía cada uno de los grupos representados?
- ¿Estabas tú directamente involucrado/a?
- ¿Qué consecuencias tuvo esta reunión?

TAREA 4

CONVERSACIÓN INFORMAL ENTRE CANDIDATOS

El/La examinador/-a elegirá una lámina que os entregará a los/las candidatos/as. Tenéis un minuto para leerla y, luego, vais a conversar durante 5 o 6 minutos para tomar una decisión entre los/las dos que cumpla con los criterios marcados.

Con ocasión del Día Internacional de las Familias vuestra escuela está buscando una fotografía para confeccionar un póster. Hay cuatro opciones, de las que hay que seleccionar una. Tu compañero/a y tú pertenecéis al comité de selección. Debéis elegir una imagen que represente:

- Los valores de pluralidad, respeto e inclusión
- La implicación y el compromiso de la familia con los estudios y la escuela

Mira las propuestas y considera con tu compañero/a las ventajas y desventajas de cada una, para tomar una decisión juntos. Se trata de una conversación abierta: puedes interrumpir, discrepar, pedir o dar aclaraciones, argumentar tus opiniones y rebatir las de tu compañero/a.

Ayudas para la prueba oral

Los tiempos verbales en la anécdota para hablar de:
- Circunstancias: *Era el final del curso.*
- Hechos sucedidos: *Unos alumnos robaron el examen y lo difundieron.*
- Una acción anterior a otra: *El profesor descubrió que le habían quitado el examen.*

El debate:
- Preguntar la opinión del otro: *¿Consideras que esta foto es mejor?*

Expresar acuerdo y desacuerdo:
- *Coincido contigo en que esta foto es muy llamativa, pero para mí no representa a una familia.*
- *Creo que te equivocas. Yo no lo veo así.*

Interrumpir:
- *Perdona que te interrumpa, pero...*

examen

2

La educación
y el trabajo

VOCABULARIO
FICHA DE AYUDA PARA LA EXPRESIÓN E INTERACCIÓN ORAL Y ESCRITA

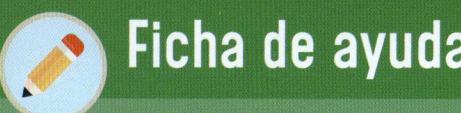

Ficha de ayuda

SISTEMA EDUCATIVO

alumnado ....
asignatura ....
becario ....
cursillo ....
delegado de curso ....
docente ....
etapa educativa ....
fracaso escolar ....
profesorado ....
taller ....

VERBOS Y EXPRESIONES

aprobar por los pelos ....
castigar ....
conceder ....
convalidar ....
cursar ....
educarse ....
empollar ....
estar de baja ....
examinarse ....
formalizar la matrícula ....

formarse ....
hacer una novatada ....
memorizar ....
obtener ....
pasar lista ....
quedarse en blanco ....
reciclarse ....
recuperar ....
solicitar ....
tener enchufe ....

CALIFICACIONES Y TITULACIONES

asignatura pendiente ....
autoevaluación ....
doctorarse ....
expediente académico ....
formación profesional ....
grado ....
graduado (escolar) ....
graduarse ....
notable ....
sacar buenas notas ....
sacar malas notas ....
sobresaliente ....

ACTIVIDAD LABORAL Y DESEMPLEO

a tiempo completo ....
a tiempo parcial ....
accidente de trabajo ....
año sabático ....
aprendiz ....
ascenso ....
aumento de sueldo ....
autónomo/a ....
brecha salarial ....
contratado/a ....
contrato basura ....
contrato indefinido ....
contrato temporal ....

despido ....
directivo/a ....
ejecutivo/a ....
formación continua ....
huelga ....
interino/a ....
jornada laboral ....
jubilación ....
proceso de selección ....
remuneración ....
riesgos laborales ....
sueldo bruto/neto ....
suplente ....

CARACTERÍSTICAS DE UNA PERSONA

brillante ....
capaz ....
conflictivo ....
cualificado/a ....
empollón/-a ....
emprendedor/-a ....
estudioso/a ....
minucioso/a ....
novato/a ....
perezoso/a ....
proactivo/a ....
riguroso/a ....

VERBOS Y EXPRESIONES

ascender ....
asumir (un cargo) ....
cobrar ....
colocarse ....
contratar ....
cumplir ....
desempeñar (una función) ....
despedir ....
dimitir ....
ejercer ....
estar de baja ....
estar de prácticas ....
hacer un negocio redondo ....

obtener (una plaza) ....
ostentar (un cargo) ....
perder (el empleo) ....
prevenir ....
reivindicar ....
renovar ....
resolver ....
sacar(se) unas oposiciones ....
trabajar contra reloj ....
trabajar de sol a sol ....
trabajar en remoto ....
trabajar por cuenta ajena ....
trabajar por cuenta propia ....

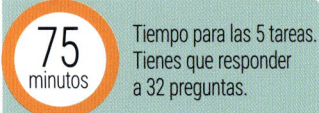

75 minutos

Tiempo para las 5 tareas. Tienes que responder a 32 preguntas.

TAREA 1

Vas a leer un texto sobre la inserción de la mujer en el mundo académico y profesional en Argentina. Después, debes contestar a las preguntas (1-5), seleccionando la respuesta correcta (a, b o c).

Las primeras mujeres profesionales en la Argentina

En el siglo XIX todavía era muy fuerte en todo el mundo la división por sexos del saber, pero algunas pocas mujeres accedieron tempranamente a la universidad de modo «excepcional». El inicio del proceso puede situarse en el siglo XIX. Comenzó en Estados Unidos, en la década de 1830, prosiguió en las décadas siguientes en Europa y llegó paulatinamente a América Latina. Fueron muchos los factores que hicieron que la puerta de entrada de las mujeres a los estudios universitarios fuera Medicina. La Argentina no fue la excepción.

La primera mujer que en nuestro país obtuvo el título de doctora en Medicina fue Cecilia Grierson, de ascendencia escocesa, quien ingresó a la carrera de Medicina en la Universidad de Buenos Aires (UBA), poco tiempo después de que Élida Passo lograra hacerlo con un recurso judicial, aunque falleció poco antes de recibirse*. Cecilia se desempeñó como obstetra, pero no logró, en cambio, trabajar como cirujana. La siguieron Petrona Eyle (recibida en 1891 en la Universidad de Zurich, quien revalidó su título en Argentina en 1893) y Elvira Rawson Guiñazú.

En 1896 se creó en la UBA la Facultad de Filosofía y Letras, y se permitió a las maestras matricularse sin más requisito que su título. Esto produjo una reorientación en las elecciones universitarias femeninas. Es así como a principios del siglo XX fueron más las que se graduaron en esta facultad que las que estudiaron Medicina (que, como había sido siempre, siguió constituyendo una opción predominantemente masculina hasta casi mediados de siglo), iniciándose un período caracterizado por la concentración de mujeres en carreras ofrecidas por Filosofía y Letras.

En la primera camada de egresados* de un total de nueve graduados, cuatro eran mujeres. Una de ellas, Elvira López, se recibió con la tesis titulada *El movimiento feminista*, sumándose a otras mujeres que en diferentes países habían abordado en sus tesis reivindicaciones sobre el acceso de las mujeres a la educación, al ejercicio profesional y a su igualdad en diferentes espacios.

Las primeras universitarias estudiaron carreras y se ubicaron en ámbitos profesionales que no representaban una ruptura brusca con las concepciones de género de la época. De este modo, sus elecciones y sus trabajos profesionales reflejaban el interjuego entre sus propios deseos y lo «permitido» según el contexto sociocultural del momento histórico en que vivieron. Sin embargo, muchas de estas primeras universitarias percibieron claramente las discriminaciones hacia las mujeres y se preocuparon y lucharon de modo activo por cambiar esta situación.

Adaptado de https://carasycaretas.org.ar

PREGUNTAS

1. Las primeras mujeres en realizar estudios superiores:
   a. Estudiaron en el campo de la salud.
   b. Lo hicieron paralelamente en América y Europa.
   c. Empezaron muy pronto la universidad.

2. La primera doctora en Medicina argentina:
   a. Se graduó en una universidad extranjera.
   b. Murió antes de poder ejercer.
   c. Nunca pudo realizar operaciones.

3. Cuando apareció la facultad de Filosofía y Letras:
   a. Muchas mujeres empezaron a estudiar para ser maestras.
   b. Cambió la tendencia de la elección de estudios de las mujeres.
   c. Hubo más hombres que decidieron estudiar Medicina.

4. Elvira López:
   a. Se graduó en la primera promoción de Filosofía y Letras de la UBA.
   b. Fue la primera mujer en escribir una tesis de temática feminista.
   c. Colaboró con mujeres de otros países en la lucha por los derechos de la mujer.

5. Las primeras mujeres universitarias:
   a. Rompieron completamente con la tradición establecida.
   b. Tuvieron que ceder en parte a las convenciones de su época.
   c. No pudieron combatir la discriminación.

*recibirse: graduarse

*egresados: graduados

Comprensión de lectura y uso de la lengua

TAREA 2

Vas a leer informaciones de un blog dirigido a estudiantes sobre cuatro nuevas carreras. Relaciona los enunciados (6-11) con los textos (A, B, C o D).

Recuerda: hay textos que deben ser elegidos más de una vez.

A. Grado en Ingeniería de Videojuegos

Nuestra generación ha crecido con el mando de la PlayStation o de la Nintendo pegado a las manos. Jugábamos al tenis desde casa con el Wii Sports y conducíamos por un arcoíris con Mario Kart. Si te conoces el mapa de Los Ángeles, es gracias al GTA 5 y, si eres capaz de cimentar ciudades y picar diamantes, es gracias a Minecraft. Seguro que tus padres se enfadaban contigo porque dedicabas más tiempo a jugar con la videoconsola que a estudiar. Pues bien, tu infancia rodeada de videojuegos se puede convertir en una salida profesional gracias al Grado Oficial en Ingeniería de Videojuegos que ofrece la U-tad, centro adscrito a la Universidad Camilo José Cela. El título propio en Ingeniería de Videojuegos proporciona un enfoque muy práctico, «orientado a potenciar la empleabilidad de los egresados», afirma el coordinador de la titulación, Javier Alegre.

B. Grado en Ciencia de Datos e Ingeniería Artificial

Aunque no suene tan interesante a primera vista, ten por seguro que es un sector que te acompaña cada día de tu vida. Cada vez que Spotify te mete una canción que no está en tu *playlist* de confianza, cada vez que Netflix te recomienda una película cuando estás indeciso y cada vez que en Twitter te aparece una noticia que te gusta y reafirma tu posición, ahí está la ciencia de datos y la inteligencia artificial trabajando en segundo plano. El Grado en Ciencia de Datos e Inteligencia Artificial, ofrecido por la Universidad Alfonso X el Sabio, se ajusta a lo que hoy día demandan las grandes empresas como Microsoft, Telefónica o el Banco Santander, que buscan profesionales en el ámbito de los datos y la IA. Durante sus estudios, los estudiantes adquieren competencias avanzadas en inteligencia artificial, *machine learning* y programación, además de trabajar a través de metodologías Agile con alumnos de otras facultades.

C. Grado en Neurociencia

¿Cómo funciona el cerebro humano? ¿Cómo es capaz de extraer ideas para escribir este blog después de toda la jornada de trabajo? Aunque esta última pregunta es muy difícil de contestar, tú puedes hacerlo gracias a la neurociencia. Comprender cómo funciona el cerebro es una cuestión clave para entender el comportamiento humano. Este grado, ofrecido por la Universidad Carlos III de Madrid, combina la biología, la psicología, la tecnología y la ingeniería para explorar el órgano que nos hace humanos. La neurociencia no solo estudia cómo funciona el cerebro en condiciones normales, sino también cómo resolver problemas como el Alzheimer, la depresión o los trastornos de aprendizaje. Por eso, el estudio de la neurociencia es fundamental para aportar avances en el sector de la salud y mejorar las condiciones de vida de todas las personas, especialmente de aquellas que padecen enfermedades vinculadas con el cerebro.

D. **Grado en Protocolo, Organización de Eventos y Comunicación Corporativa**

Esta carrera no tiene nada que ver con la tecnología, pero se encuentra en auge actualmente. Se trata de una carrera muy vocacional, pues el liderazgo es esencial, así como la capacidad de organización, las habilidades comunicativas y el don de gentes. Es una titulación reciente que forma a sus alumnos en el protocolo de eventos de diferente índole, ya sea institucional, militar, eclesiástica, deportiva o cualquier otra. Con la organización de eventos serás la cabeza de los eventos que coordines, diseñándolos, ejecutándolos y elaborando el postevento. ¡Conocerás todos los entresijos que hay cuando los invitados aún no han llegado! En cuanto a la comunicación corporativa, es todo lo que conoces de una empresa: su misión, visión, valores, filosofía, *branding*, pero también trabajarás la gestión de crisis, la percepción de los *stakeholders* o la reputación en el mercado.

https://www.u4impact.org

ENUNCIADOS

6. Responde a los requerimientos actuales de importantes compañías.

A	B	C	D

7. Requiere ciertas cualidades personales.

A	B	C	D

8. Es un ámbito que forma parte de tu vida cotidiana.

A	B	C	D

9. Está pensado para mejorar las oportunidades laborales de los graduados.

A	B	C	D

10. Es un campo en plena expansión en este momento.

A	B	C	D

11. Es una carrera que integra varias disciplinas.

A	B	C	D

Preparación Diploma de Español Escolar (Nivel B2/C1)

TAREA 3

Lee el texto y rellena los huecos (12-22) con la opción correcta (a, b o c).

¿Cómo funciona la educación chilena?

En Chile, la educación es obligatoria desde kínder hasta 4.º medio, y gratuita en los establecimientos públicos y en muchos particulares subvencionados. Todos los estudiantes, ____**12**_____ los extranjeros, tienen derecho a acceder al sistema educativo en iguales condiciones.

El sistema escolar chileno se organiza en tres niveles: Educación Parvularia, Básica y Media. La educación parvularia incluye ____**13**____ los niveles de prekínder y kínder, dirigidos a niños y niñas de entre 4 y 5 años. La educación básica comprende de 1.º a 8.º básico, generalmente entre los 6 y los 13 años. La educación media se ___**14**____ entre los 14 y 17 años, desde 1.º a 4.º medio, y tiene dos modalidades: Científico-Humanista y Técnico-Profesional.

La educación Técnico-Profesional (TP), que comienza en 3.º medio, permite a los y las estudiantes especializarse en un área laboral (como electricidad, enfermería, gastronomía, entre otras), ___**15**__ titulación puede proporcionarles oportunidades de empleo o una continuidad con los estudios superiores.

En el caso de que ____**16**_____ extranjero, puedes postular a cualquier nivel de la educación escolar obligatoria. No importa que el estudiante nunca __**17**___ en el sistema chileno: el Sistema de Admisión Escolar (SAE) está abierto para quienes se integran por primera vez.

El sistema no exige certificados escolares del país de origen para __**18**___, aunque algunos establecimientos pueden solicitar documentación más adelante para confirmar el curso correspondiente. De todos modos, el acceso a la educación está garantizado, incluso si no __**19**__ con todos los papeles. Recuerda que el derecho a la educación es para todos, sin importar el lugar de origen ni la situación migratoria.

En Chile existen tres tipos de establecimientos educacionales: públicos, particulares subvencionados y particulares de pago.

Los jardines infantiles, escuelas, colegios y liceos públicos son gratuitos y están abiertos a todas las familias, __**20**__ reciben financiamiento del Estado. Dependen de Servicios Locales de Educación Pública o de municipalidades.

Los jardines infantiles, escuelas, colegios y liceos particulares subvencionados también reciben financiamiento del Estado, pero son administrados por entidades privadas. La mayoría son gratuitos, aunque algunos pueden cobrar una mensualidad llamada *copago*.

Tanto los colegios públicos __**21**__ los particulares subvencionados participan en el Sistema de Admisión Escolar, por lo que __**22**__ acceder a cualquiera de ellos a través de la plataforma.

Un tercer tipo de establecimiento son los particulares de pago. Estos no participan del Sistema de Admisión Escolar y tienen sus propios sistemas de admisión.

Adaptado de https://www.sistemadeadmisionescolar.cl

OPCIONES

12. a. inclusivos	b. incluyentes	c. incluidos
13. a. a la vez	b. a su vez	c. tal vez
14. a. cursa	b. comprende	c. va
15. a. la cual	b. cuya	c. que su
16. a. eres	b. seas	c. serías
17. a. haya estudiado	b. estudiara	c. estudie
18. a. requerir	b. solicitar	c. postular
19. a. tienes	b. cuentas	c. posees
20. a. como	b. gracias a	c. ya que
21. a. como	b. que	c. y
22. a. pudieras	b. puedas	c. podrás

Preparación Diploma de Español Escolar (Nivel B2/C1)

TAREA 4

Vas a leer un texto sobre la brecha de género en Matemáticas. Después, contesta a las preguntas (23-27), seleccionando la respuesta correcta (a, b o c).

LA BRECHA DE GÉNERO EN MATEMÁTICAS APARECE EN EL PRIMER AÑO DE PRIMARIA

Un estudio que evaluó el rendimiento matemático y lingüístico de los estudiantes de 1.º y 2.º de primaria en Francia muestra que la brecha de género de las niñas en Matemáticas aparece tras unos meses del primer curso de primaria y aumenta con los años de escolarización. Este estudio está en la línea de análisis previos, realizados desde diferentes puntos de vista, en los que se evalúan las capacidades matemáticas de chicas y chicos en distintos rangos de edad, así como los estereotipos relacionados con las disciplinas STEAM (Ciencias, Tecnología, Ingeniería, Artes y Matemáticas, por sus siglas en inglés).

En este estudio se comprueba que la edad en torno a los seis años (coincidente con el inicio de la escolarización) es el momento en el que las brechas en asignaturas STEAM empiezan a notarse. Como en otros estudios, esta investigación propone que las intervenciones para desterrar estereotipos relativos a las habilidades y capacidades en ciencia y tecnología deberían comenzar en torno a esta edad. Las iniciativas en etapas posteriores serían poco eficaces. Por otro lado, el estudio demuestra que las habilidades matemáticas de chicas y chicos son semejantes, lo cual desecha creencias arraigadas que atribuyen a unas y otros diferentes capacidades.

Por último, el estudio concluye que la presión competitiva no afecta de manera análoga a chicas y chicos. Un estudio anterior realizado en un concurso de matemáticas en España indicaría que las motivaciones y el rendimiento de unas y otros pueden ser diferentes en ambientes competitivos. Además, las expectativas procedentes del entorno familiar y docente pueden empujar a las niñas a limitarse y tener un rendimiento inferior al de los niños en este tipo de pruebas.

El estudio concluye con unas recomendaciones que apelan a la formación (matemática y didáctica) del profesorado de enseñanza primaria. Es importante entender cómo el comportamiento de las y los docentes en el aula influye en la manera en la que las niñas y los niños perciben sus propias capacidades matemáticas. En el caso particular de las chicas, las prácticas docentes cargadas de estereotipos las pueden llevar a autolimitarse. Un plantel docente diverso podría ayudar a tener, de manera natural, a mujeres y hombres como referentes para niños y niñas, y romper con estereotipos establecidos.

Este estudio respalda lo que investigaciones anteriores han demostrado sobre lo que se conoce como *sesgo de brillantez*, la idea de que obtener buenos resultados en materias como Matemáticas, Física y otras ciencias tiene que ver con tener un talento natural o ser brillante por naturaleza. Lo interesante es que los niños más pequeños suelen creer que su propio género o grupo es el más inteligente en estas materias, pero, a medida que crecen y avanzan en su educación, esto comienza a cambiar. Empiezan a asociar el éxito en

Matemáticas y ciencias con ciertos grupos, pero, lamentablemente, esos grupos no suelen incluir a las niñas ni a los estudiantes de comunidades marginadas.

Sería beneficioso que se realizaran más investigaciones sobre cómo podemos ayudar a los profesores y a los alumnos a considerar que todo el mundo es capaz de hacer matemáticas.

https://sciencemediacentre.es

PREGUNTAS

23. Las conclusiones del estudio francés:
- a. Son similares a las de estudios anteriores.
- b. Varían según la edad de los niños.
- c. Son diferentes dependiendo de las asignaturas.

24. Este estudio afirma que:
- a. Hay que adelantar el inicio de la escolarización.
- b. Más allá de los seis años es difícil corregir la brecha.
- c. Las capacidades son diferentes en niños y niñas.

25. Niños y niñas:
- a. Son animados por sus familias y profesores a competir.
- b. Se sienten presionados cuando participan en concursos.
- c. Pueden reaccionar de manera distinta en situaciones de competencia.

26. El estudio aconseja:
- a. Que sean mujeres quienes enseñen a las niñas.
- b. Mejorar la capacitación del profesorado.
- c. Que los profesores animen a las niñas a estudiar Matemáticas.

27. Según el estudio, existe la creencia de que:
- a. Hay asignaturas que requieren una inteligencia innata.
- b. La inteligencia disminuye con la edad.
- c. Los niños pequeños son mejores en Matemáticas.

Preparación Diploma de Español Escolar (Nivel B2/C1)

Comprensión de lectura y uso de la lengua

TAREA 5

Vas a leer un texto del que se han extraído cinco párrafos. A continuación, lee los siete fragmentos propuestos (A-G) y decide en qué lugar del texto (28-32) hay que colocar cada uno. Hay dos fragmentos que no tienes que elegir.

Los expertos aconsejan que el primer empleo esté relacionado con los estudios

El mundo laboral juvenil es hoy un escenario complejo y cambiante. Poco tiene que ver con lo que antes se producía de forma casi natural: empezar a trabajar, mayoritariamente en un empleo de verano, antes de cumplir los 16 años, utilizando la red de contactos que se tejía entre parientes y conocidos. **28.** _____.

El primer trabajo no puede llegar en la actualidad antes de los 16 años, la edad mínima legal, y la pérdida de influencia de las antiguas redes sociales ha complicado el aterrizaje de los jóvenes en el mercado laboral. En manos de las empresas de trabajo temporal, los jóvenes se encuentran en un escenario a veces hostil, en el que también aflora la contratación irregular y los abusos.

Ni el mundo académico ni el empresarial, ni los psicólogos especializados en recursos humanos ni los educadores sociales coinciden sobre el momento ideal de iniciarse en el mundo laboral. **29.** _____. Y por otro, si es beneficioso para la formación del joven, siendo adolescente, empezar a trabajar antes de acabar los estudios.

Para el director del Observatori de l'Ocupació de la URV, lo ideal es formarse y después acumular experiencia. Un estudio de este centro ha revelado datos interesantes acerca de los efectos al acabar la carrera de este primer empleo juvenil. Los estudiantes que empiezan antes a trabajar, compatibilizando sus estudios con un empleo, tienen a corto plazo unos salarios más elevados.

30. _____. El trabajar por trabajar no aporta rendimientos laborales en un futuro. «Si el trabajo no está relacionado con los estudios, el impacto es cero o negativo».

Además de los valores del aprendizaje, es importante que los jóvenes desarrollen competencias profesionales en la adolescencia y la juventud: el mercado laboral lo valora. **31.** _____.

El estudio de la URV revela que trabajar y estudiar al mismo tiempo tiene un coste, con peores resultados académicos y más duración de los estudios. Aunque a corto plazo trabajar en algo relacionado con los estudios favorece la inserción en el mercado laboral, con mejores salarios y más productividad, también penaliza al estudiante. **32.** _____ _____. El sector empresarial mira con cierto recelo la incorporación de los más jóvenes al mundo laboral. Algunos empresarios prefieren evitar la contratación de trabajadores de 16 y 17 años, aunque sea para puestos que no requieran formación ni experiencia. El aprendizaje de valores necesarios para un trabajo no te lo proporcionan en el bachillerato, advierte Rafael Muñoz, del gabinete de estudios de la patronal tarraconense.

Adaptado de https://www.lavanguardia.com

FRAGMENTOS

A Este trabajo de investigación revela, no obstante, que emplearse tan solo es útil y beneficioso si es en un trabajo relacionado con los estudios.

B El distanciamiento entre empresa y jóvenes tiene consecuencias negativas, advierten educadores y psicólogos.

C El primer trabajo era antes una cuestión familiar, destaca Mario Tejero, educador social especializado en inserción laboral juvenil.

D Lo ideal, por consiguiente, es formarse y después acumular experiencia, afirman los expertos.

E Los empresarios destacan los problemas de puntualidad y educación de los jóvenes que empiezan a trabajar.

F Por un lado, se preguntan si a los 16 años se está preparado para asumir las responsabilidades que requiere un empleo.

G La capacidad de adaptación a nuevos empleos, la iniciativa, el autocontrol emocional o el compromiso con el trabajo son valores que se consideran muy positivos al empezar a aprender.

Anota el tiempo que has tardado. Recuerda que solo tienes 75 minutos.

Preparación Diploma de Español Escolar (Nivel B2/C1)

PRUEBA 2

45 minutos

Tiempo para las 4 tareas.
Tienes que responder
a 30 preguntas.

TAREA 1

9

Vas a escuchar a **siete jóvenes que hablan sobre las carreras que quieren estudiar en el futuro**. Los oirás dos veces. Selecciona el enunciado (A-K) que corresponde al tema del que habla cada persona (1-7). Hay once enunciados incluido el ejemplo: selecciona siete.

Es importante leer primero los enunciados: tienes 30 segundos.

ENUNCIADOS

A	Sus padres apoyan su decisión.
B	Todavía no está seguro de lo que quiere estudiar.
C	Tiene que hacer trámites burocráticos.
D	Va a hacer una carrera diferente a la que quería.
E	Su familia duda de su futuro profesional.
F	No sabe si podrá estudiar lo que quiere.
G	Va a dejar los estudios y empezar a trabajar.
H	No ha podido matricularse en la universidad que había elegido.
I	No puede costear los estudios que querría hacer.
J	No quiere seguir la tradición familiar.
K	Se va a tomar un año sabático.

OPCIONES

0.	Persona 0	I
1.	Persona 1	
2.	Persona 2	
3.	Persona 3	
4.	Persona 4	
5.	Persona 5	
6.	Persona 6	
7.	Persona 7	

TAREA 2

10

Vas a escuchar una entrevista con Irene Peña, que ha sacado la mejor nota de la PAU (Prueba de Acceso a la Universidad) en su región. La oirás dos veces. Después, debes contestar a las preguntas (8-15), seleccionando la respuesta correcta (a, b o c).

Es importante leer primero las preguntas: tienes 60 segundos.

PREGUNTAS

8. Irene Peña afirma, respecto a los exámenes de la PAU, que:
    a. Le informaron de las notas por teléfono.
    b. No la cogió por sorpresa el resultado.
    c. Falló en algunas partes.

9. Respecto a sus notas de la PAU:
    a. No le producían preocupación.
    b. Fueron peores que las del bachillerato.
    c. Se las esperaba mejores.

10. Irene Peña dice que:
    a. No se ha tomado tan en serio los estudios hasta el último año.
    b. Los cursos se van haciendo progresivamente más difíciles.
    c. Antes no era consciente de lo que había que hacer para lograr un buen resultado.

11. Respecto al sacrificio que puede suponer estudiar, dice que:
    a. No hay que perder el tiempo si quieres buenos resultados.
    b. Se puede compaginar los estudios con otras cosas.
    c. Cada uno debe ver si le merece la pena esforzarse.

12. Irene fue a su instituto:
    a. Porque su padre se lo sugirió.
    b. Para que la felicitaran.
    c. Para confirmar las notas.

13. Respecto a la especialidad que siguió en secundaria, dice que:
    a. Cambió al pasar a bachillerato.
    b. La escogió pensando en su carrera.
    c. Todos dicen que es muy difícil.

14. Hablando de dónde va a estudiar, Irene dice que:
    a. Teme que no la admitan en la universidad que quiere.
    b. Aún tiene que hacer los trámites para entrar en la universidad.
    c. Está esperando a que le den la confirmación.

15. De la educación en Palencia, Irene piensa que:
    a. No se puede comparar con la de otros lugares.
    b. La ha ayudado a alcanzar sus objetivos.
    c. Es peor que en otras regiones.

TAREA 3 11 🔊

Vas a escuchar un pódcast argentino que habla sobre el futuro del trabajo. Lo oirás dos veces. De los doce enunciados que aparecen debajo (A-L), deberás elegir los siete (16-22) que corresponden al pódcast.

Es importante leer primero los enunciados: tienes 60 segundos.

ENUNCIADOS

A. Tras la Segunda Guerra Mundial, las personas estaban preparadas para sus trabajos.

B. Actualmente la gente no trabaja más de veinte años.

C. La economía de los países ya no depende del trabajo de las personas.

D. En el ámbito laboral las cualidades puramente humanas resultan imprescindibles.

E. Los factores demográficos están cambiando los negocios.

F. Uno de los trabajos surgidos recientemente es la creación de miembros artificiales.

G. El concepto de *trabajo* no está evolucionando a la par que cambia el mundo.

H. El trabajo será mayoritariamente por cuenta ajena.

I. En el futuro, deberemos reorientar nuestra carrera profesional periódicamente.

J. El saber aumenta exponencialmente.

K. Mejor que buscar un trabajo habrá que proponer negocios innovadores.

L. La cuarta revolución industrial se produjo hace unos años.

Marca solamente las siete opciones.

16-22	A	B	C	D	E	F	G	H	I	J	K	L

TAREA 4

Vas a escuchar cuatro conversaciones entre dos personas. Las oirás dos veces. Después, debes contestar a las preguntas (23-30) seleccionando la opción correcta (a, b o c).

Es importante leer primero las preguntas: tienes 40 segundos.

PREGUNTAS

Conversación 1 12

23. La chica va a hacer un curso de inglés porque:
   a. Se le dan mal los idiomas.
   b. Va a ir en verano a Irlanda.
   c. No aprobó el curso pasado.

24. El chico no va a coger Matemáticas porque:
   a. No le gusta la profesora.
   b. No le conviene el horario.
   c. Son muy difíciles.

Conversación 2 13

25. El chico ha sacado mala nota porque:
   a. Ha cometido faltas de ortografía.
   b. Sus respuestas han sido muy breves.
   c. El examen era muy difícil.

26. Para mejorar el resultado, la profesora:
   a. Pide que participen más en clase.
   b. Va a subir la nota a todo el grupo.
   c. Va a repetir el examen.

Conversación 3 14

27. El chico, en verano, va a trabajar:
   a. En un campamento en la sierra.
   b. Dando clases particulares.
   c. Como dependiente en una tienda.

28. El dinero que gane, el chico:
   a. Quiere ahorrarlo.
   b. Lo usará para comprar un patinete.
   c. Lo gastará en un viaje.

Conversación 4 15

29. El defecto de la chica es que:
   a. Piensa demasiado en el futuro.
   b. Es inconformista.
   c. No es constante.

30. El jefe de estudios le dice que:
   a. Espere a tener 21 años.
   b. No puede presentarse a esta beca.
   c. Pida la beca en junio.

Anota el tiempo que has tardado. Recuerda que solo tienes 45 minutos.

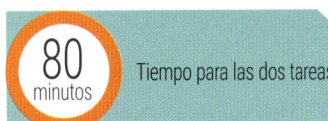

80 minutos Tiempo para las dos tareas.

TAREA 1

En el instituto os han pedido que escribáis un ensayo sobre técnicas de aprendizaje.

Vas a escuchar una presentación sobre las técnicas científicas para aprender y prepararse para un examen. Toma notas para luego utilizarlas en tu texto. 16

Escribe una redacción en la que deberás:

- Introducir el tema.
- Resumir las ideas principales de una charla sobre técnicas científicas para aprender y prepararse para un examen.
- Opinar sobre la efectividad de esas técnicas.
- Comentar si tú usas alguna de esas técnicas u otras.

Número de palabras: entre 150 y 180.

Ayudas para esta tarea

Para tomar notas mientras escuchas:
- Anota las ideas principales, no frases enteras.
- Puedes usar abreviaturas o símbolos: ej. (ejemplo); tb. (también); + (más); = (igual).
- Identifica los marcadores, tales como *en primer lugar; por otro lado; para concluir,* etc.
- Identifica conectores de causa, oposición, etc.

Para introducir el tema:
- *Tener unas buenas técnicas de estudio es fundamental en esta etapa de la vida.*
- *Las técnicas de estudio son herramientas que ayudan a optimizar el tiempo y el esfuerzo.*

Para referirte a lo que has escuchado:
- *La ponente afirma que...*
- *Según lo que dice el ponente...*

Expresar la opinión:
- *A mi modo de ver, lo más importante es no dejarlo para el último momento.*
- *En mi opinión, la mejor técnica de estudio es...*
- *No estoy seguro/a de que sea una buena idea usar ChatGPT u otras inteligencias artificiales.*

Para hablar de tu experiencia personal con el tema:
- *Yo, personalmente, uso la técnica que consiste en...*
- *En mi caso, me resulta muy útil estudiar...*

TAREA 2

Opción 1

En clase habéis estado discutiendo sobre el futuro en varios aspectos, pero, sobre todo, desde el punto de vista de vuestras aspiraciones respecto a carrera y trabajo. El/La profesor/-a ha propuesto que escribáis una redacción sobre el tema y, para ayudaros, os ha dado este gráfico con los datos de un trabajo de investigación realizado con jóvenes españoles entre 14 y 18 años. Escribe un texto en el que deberás:

■ Hacer una introducción al tema.
■ Comentar los datos del gráfico y dar tu valoración.
■ Exponer cuáles son tus aspiraciones para el futuro.

Número de palabras: entre 180 y 220.

Aspiraciones respecto al futuro, según género

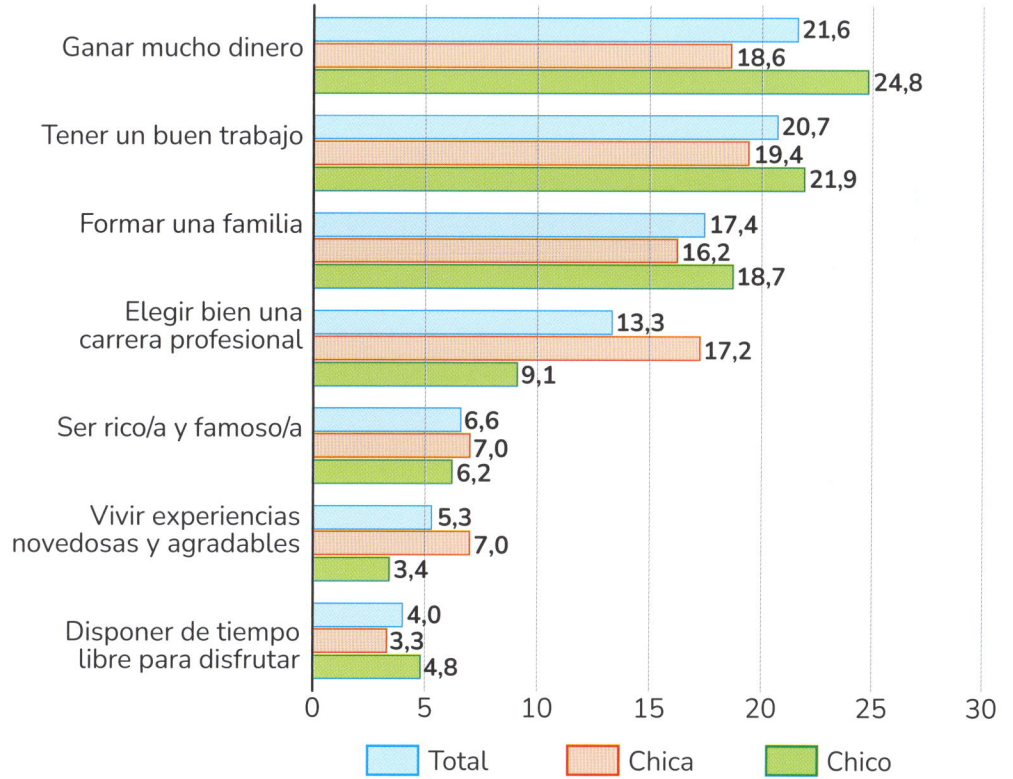

Fuente: https://www.navarra.es

Preparación Diploma de Español Escolar (Nivel B2/C1)

Expresión, mediación e interacción escritas

Ayudas

Introducir el tema:
• *La decisión de la carrera que se va a estudiar marca un momento clave en la vida de las personas.*
• *Elegir bien una carrera es fundamental para el futuro de un joven.*

Expresar la opinión:
• *(Yo) veo que muchos jóvenes llegan al bachillerato sin tener una idea clara de qué van a estudiar.*
• *En mi opinión, la decisión de qué carrera seguir es algo personal y nadie debe intentar influir.*
• *A mi parecer, es fundamental elegir bien tu carrera, porque esta decisión va a marcar tu futuro.*

Valorar
• *Me parece destacable que los jóvenes den más importancia al trabajo que a la familia.*
• *Es lógico que muy pocos encuestados den importancia a vivir experiencias novedosas.*
• *Es sorprendente que lo más importante para la mayoría sea el dinero.*

Organizar el discurso:
• *Por lo que se refiere/En cuanto a las chicas, dan mucha importancia a elegir bien la carrera.*
• *En el fondo, las diferencias de opinión entre chicos y chicas no son tan grandes.*
• *En conclusión, tanto chicos como chicas dan más importancia al aspecto profesional que al familiar cuando piensan en su futuro.*

Hablar de tu futuro
• *Personalmente, todavía no he decidido qué quiero estudiar.*
• *Yo tengo muy claro lo que quiero hacer en el futuro.*

Opción 2

Estás buscando un trabajo para el verano y has encontrado un anuncio que te interesa. Tienes que enviar tu currículum y una carta de presentación. En la carta deberás:

- Poner el lugar y la fecha.
- Explicar el motivo de la carta, mencionando el trabajo que solicitas.
- Presentarte, hablando sobre todo de tus habilidades relacionadas con el puesto.
- Destacar tus conocimientos, mencionando tu experiencia en trabajos similares.

Número de palabras: entre 180 y 220.

Buscamos socorristas para la temporada de verano

IMPORTANTE

Tener documentación en regla
Tener conocimientos o experiencia como socorrista
Disponibilidad para trabajar todo el verano
Incorporación inmediata

Ayudas para redactar una carta

- **Lugar y fecha:** *Madrid, 2 de mayo de 2026*
- **Encabezamiento:** *Estimados señores o Estimado Sr. + apellido /Estimada Sra. + apellido*
- **Motivo de la carta:** *Escribo en relación con el anuncio del periódico… He visto en su página web el anuncio solicitando un socorrista.*
- **Presentarte y hablar de tu capacitación en este campo:** *He realizado un cursillo de socorrismo. Tengo el título de socorrista. Obtuve la medalla de plata en el campeonato de natación de Villalba.*
- **Hablar de habilidades y cualidades pertinentes para el puesto:** *Tengo una muy buena preparación física. Soy una persona responsable.*
- **Hablar de tu experiencia en este campo:** *El año pasado trabajé como socorrista en la piscina comunitaria de una urbanización de la sierra.*

Preparación Diploma de Español Escolar (Nivel B2/C1)

25 minutos — Tiempo para las cuatro tareas. Esta prueba se realiza en parejas de candidatos

Tiempo para la preparación **20 minutos**

TAREA 1

EXPOSICIÓN ORAL SOBRE UN TEMA

Debes elegir un texto y realizar una exposición oral durante dos o tres minutos sobre el texto que has preparado. Durante la exposición puedes mirar tus notas, pero no leerlas.

Mientras un/-a candidato/a realiza su exposición, el/la otro/a escucha con atención para formularle una pregunta al empezar la Tarea 2.

En tu exposición debes:
- Resumir los puntos principales del texto.
- Expresar tu opinión sobre el tema.

Tres de cada diez adolescentes no saben qué estudiar

A los 15 años, una edad clave para elegir qué estudiar y a qué dedicarse, miles de adolescentes aún no lo tienen claro. Por ejemplo, en España, el 32 % de los estudiantes no sabe qué quiere ser de mayor, según el estudio *The State of Global Teenage Career Preparation*, elaborado por la Organización para la Cooperación y el Desarrollo Económico (OCDE).

Las dudas sobre el futuro académico aún son mayores fuera del país: el 38 % de los quinceañeros residentes en los países que forman parte de la OCDE no saben qué camino académico escoger.

La OCDE subraya que las actividades de orientación, que fomentan el desarrollo personal y profesional durante la secundaria, tienen un impacto significativo en las oportunidades futuras de los jóvenes. Sin embargo, menos de la mitad de los chicos y chicas de los países de la OCDE, en general, participa en actividades clave de orientación antes de los 15 años. De hecho, en España, solo el 22 % de los adolescentes ha asistido a una feria de empleo, frente al 35 % de los chicos y chicas del conjunto de países de la OCDE. Y solo el 40 % de los chicos y chicas españoles ha participado en una visita a un lugar de trabajo o en una actividad de *job shadowing*, en comparación con el 45 % de los de la OCDE. Además, la mayoría de los estudiantes participa en estas actividades solo una vez, lo que limita el impacto positivo que podrían tener. Incluso, el acceso a estas experiencias es desigual: el alumnado de entornos socioeconómicos favorables participa más frecuentemente en estas actividades que sus compañeros en situaciones más vulnerables, a pesar de ser quienes más las necesitan, explica el informe.

No saber qué camino seguir provoca inquietud en muchos adolescentes de los países de la OCDE, pues el 41 % de ellos afirma sentirse preocupado por no estar preparado para la vida después del instituto (35 % en España). Y casi la mitad de ellos (49 % de la OCDE y 46 % de los españoles) considera que el colegio ha hecho poco por prepararlos para la edad adulta. Además, uno de cada tres estudiantes asegura no sentirse bien informado sobre las posibles trayectorias académicas y laborales que puede seguir tras la educación obligatoria.

Estas cifras reflejan una sensación generalizada de desorientación entre los jóvenes: «Quiero disfrutar de mi trabajo y tener unos ingresos estables, pero no sé qué opciones tengo y no estoy segura de qué camino tomar», reconoce una de las chicas encuestadas en el estudio. Asimismo, la percepción de estar preparado influye directamente en la motivación para continuar estudiando y tomar decisiones con confianza. Por este motivo, la OCDE insiste en la necesidad de que las escuelas proporcionen más y mejores oportunidades de orientación, para que el alumnado pueda explorar sus intereses, conocer el mundo laboral y visualizar un futuro posible y realista.

Adaptado de https://www.educaweb.com

Ayudas para la exposición oral

Consejos para hacer un buen resumen:
- Lee el texto, identifica las ideas clave (puedes subrayarlas) y elimina los detalles irrelevantes.
- Escribe la información manteniendo el orden del texto original, pero usando tus propias palabras. Usa conectores para relacionar las ideas.
- El resumen debe ser breve y claro.

Expresar la opinión:
- *(Yo) pienso que es difícil tomar una decisión tan importante a estas edades.*
- *En mi opinión, se deberían organizar actividades para ayudar a los/las estudiantes a elegir.*
- *Veo que muchos de mis compañeros/as están preocupados/as con el tema.*
- *No opino que muchos/as estudiantes estén preparados/as para una decisión tan fundamental.*

Expresión, mediación e interacción orales

TAREA 2

ENTREVISTA SOBRE EL TEMA DE LA EXPOSICIÓN

Ahora tu compañero/a te va a formular una pregunta y, luego, el/la examinador/-a te hará una pequeña entrevista relacionada con el tema de la Tarea 1. Debes responder a las preguntas y justificar tus opiniones. Dispones de dos minutos.

Para preguntar al/a la compañero/a sobre su intervención puedes usar estas estructuras:
- *Entonces, ¿tú piensas que...?*
- *¿Me puedes aclarar lo que has comentado/dicho sobre...?*

Para contestar a la pregunta de tu compañero/a, puedes utilizar:
- *No, no es eso lo que yo quería decir. Yo me refería a...*
- *Sí, efectivamente, esa es mi opinión.*

Estas son las preguntas que el/la examinador/-a puede hacerte en la entrevista.

Tu entorno y tú

- **Tus planes para el futuro:** *¿Tienes decidido qué vas a estudiar en el futuro?*
- **Tu familia:** *¿Tus padres te aconsejan sobre qué carrera elegir? ¿Intentan imponerte su opinión?*
- **Tus amigos/as y compañeros/as:** *¿Tus amigos/as ya tienen decidido lo que quieren ser en el futuro? ¿Habláis de ese tema entre vosotros/as?*
- **Tu entorno escolar:** *¿Organizan actividades en tu instituto para orientaros sobre estos temas? ¿Os aconsejan los profesores?*

Reflexión y ampliación sobre el tema

- **Importancia de decidir la carrera:** *¿Crees que decidir pronto la carrera que se va a seguir ayudará a tener éxito en el futuro laboral? ¿A qué edad crees que un joven está listo para decidir su futuro?*
- **Papel del instituto:** *¿Crees que los colegios e institutos deberían organizar actividades de orientación para el futuro? ¿Qué tipo de actividades crees que podrían hacer?*
- **Métodos para limitar el número de estudiantes:** *¿Te parece justo que exista una nota de corte o incluso exámenes de ingreso que limitan la entrada en ciertas facultades muy demandadas? ¿Cómo crees que se debería tratar este tema?*
- **Año sabático:** *En algunos países existe la costumbre de que los estudiantes se tomen un año sabático para reflexionar antes de elegir la carrera. ¿Te parece una buena idea?*

TAREA 3

EXPERIENCIA PERSONAL O ANÉCDOTA SOBRE ESTE TEMA

Vas a contar una anécdota del pasado relacionada contigo mismo o con alguien que haya tenido problemas a la hora de elegir su carrera. Dispones de un minuto y medio. Durante la exposición puedes mirar tus notas, pero no leerlas.

- ¿Cuándo sucedió?
- ¿Qué pasó?
- ¿La familia y/o el colegio ayudaron en la decisión?
- ¿Qué consecuencias tuvo?

TAREA 4

CONVERSACIÓN INFORMAL IMPROVISADA ENTRE CANDIDATOS

El/La examinador/-a elegirá una lámina que os entregará a los/las candidatos/as. Tenéis un minuto para leerla y, luego, vais a conversar durante 5 o 6 minutos para tomar una decisión entre los/las dos que cumpla con los criterios marcados.

El instituto quiere organizar actividades de orientación laboral. Hay cuatro posibilidades, de las que hay que seleccionar una. Tu compañero/a y tú pertenecéis al comité de selección. Debéis elegir una de las actividades, teniendo en cuenta que:

- ■ No debe ser muy costosa ni difícil de organizar para el instituto.
- ■ Debe ser interesante y atractiva para los alumnos de los últimos cursos.

Visita a ferias profesionales

Presentaciones sobre profesiones

Padres y madres que explican su profesión

Mira las propuestas y considera con tu compañero/a las ventajas y desventajas de cada una, para tomar una decisión juntos/as. Se trata de una conversación abierta, así que puedes interrumpir, discrepar, pedir o dar aclaraciones, argumentar tus opiniones y rebatir las de tu compañero/a.

Exposición de un experto sobre carreras

Ayudas para la prueba oral

Los tiempos verbales en la anécdota para hablar de:
- El momento en el que sucedió: *Mi hermano acababa de hacer la PAU y tenía que preinscribirse en la universidad, pero primero debía recibir los resultados.*
- Una acción anterior a otra: *Él siempre había dicho que quería estudiar Medicina.*
- Narrar las acciones que sucedieron: *Cuando recibió los resultados, vio que no tenía la media suficiente para entrar en la Facultad de Medicina.*
- La conclusión de la anécdota: *Total, que acabó matriculándose en Biología.*

El debate:
- – ¿Qué te parece que nuestros padres vengan al instituto y nos hablen de sus trabajos?
- – ¿Qué opinas de visitar ferias para descubrir diferentes sectores profesionales o lugares de trabajo?

Expresar acuerdo:
- – *Estoy contigo en que traer a un experto va a ser más caro para el instituto.*

examen
3

El arte
y el ocio

VOCABULARIO

FICHA DE AYUDA PARA LA EXPRESIÓN
E INTERACCIÓN ORAL Y ESCRITA

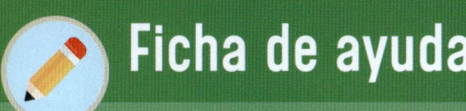 **Ficha de ayuda**

ARTES PLÁSTICAS/ESCÉNICAS

artista reconocido/a ....
crítico ....
estética ....
estreno ....
fuente de inspiración ....
influencia ....
obra ....
~ artística/de vanguardia/maestra
....
vestuario ....

CINE Y TEATRO

actuación brillante ....
argumento ....
banda sonora ....
decorado ....
doblaje ....
efectos especiales ....
guion ....
interpretación convincente
peliculón ....
rodaje ....

VERBOS

doblar ....
echar una película ....
estrenar ....
hacer de un personaje ....
hacer/interpretar un papel ....
meterse en una película ....
rodar ....
tener arte ....
tener talento ....
tener un don para ....

MÚSICA, DANZA Y FOTOGRAFÍA

enfocar ....
enmarcar ....
estar de gira ....
fotogénico/a ....
llevar ~ el ritmo/el compás
....
paso de baile ....
sonar a todo volumen ....
tener una voz potente ....
tocar ~ en vivo/en directo
....

ESPECTÁCULOS Y EXPOSICIONES

apto para todos los públicos
auditorio ....
desfile ....
fuegos artificiales ....
inaugurar ....
número ....
pista de baile ....
sala ....
~ de exposiciones/de conciertos

VERBOS Y EXPRESIONES

agotarse ....
alabar ....
componer ....
disfrazarse ....
distraerse ....
elogiar ....
montar una exposición
....
representar ....
retocar ....

LITERATURA

dedicatoria ....
epílogo ....
narrador/-a ....
narrar ....
prólogo ....
publicar ....
recitar ....
relatar ....
relato ....
rimar ....
trama ....

RESTAURANTES

atender ....
bufé ....
delicioso/a ....
exquisito/a ....
pincho ....
poner una ración ....
ración ....
sabroso/a ....
servir una mesa ....
tapear ....

JUEGOS

echar ~ a cara o cruz/a suertes
....
hacer trampas ....
jugar ~ limpio/sucio ....
jugar una partida ....
pasarlo ~ fenomenal/en grande
....
saltarse las reglas ....
seguir las reglas ....
tocarle el turno a alguien ....

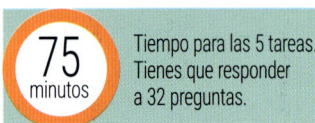

75 minutos — Tiempo para las 5 tareas. Tienes que responder a 32 preguntas.

TAREA 1

Vas a leer un texto sobre un festival de salsa que se ha celebrado en el Barrio Obrero de Cali. Después, debes contestar a las preguntas (1-5), seleccionando la respuesta correcta (a, b o c).

Barrio Obrero en Cali: epicentro de cultura, salsa y ocio juvenil

Este sábado 21 de junio se llevó a cabo el lanzamiento de *La Ruta de la Salsa*, en el icónico parque del popular barrio. La apertura de este programa que busca promover y conservar la cultura musical caleña no pudo tener un escenario más adecuado: el lugar en el que —durante más de 100 años— la música y el baile han sido los protagonistas del desarrollo comunitario, en pleno corazón de la ciudad.

El Barrio Obrero es uno de los lugares más frecuentados por los visitantes de la capital valluna que desean empaparse de la cultura local. Es uno de los imperdibles en el marco de los eventos que le dan fama internacional a Cali, como el Festival Mundial de Salsa, la Feria de Cali y, próximamente, la Ruta Americana de la Salsa.

El cumpleaños 106 del icónico barrio estuvo marcado, como era de esperarse, por la música y el baile. La jornada contó con la participación de las escuelas ganadoras en el Festival Mundial de Salsa, un mano a mano entre DJ y melómanos salseros, y la presentación musical del *ensamble* Manyoma Brothers y Dankoll Arroyo. El cierre del evento estuvo a cargo de la agrupación Juan Carlos Alfonso y la orquesta Dan Den de Cuba.

Con la conmemoración de la fundación del Barrio Obrero, se espera la llegada de una notoria transformación. Así lo anunció el alcalde Alejandro Eder, como parte del proyecto de intervención urbana, cultural y social del centro de Cali, el cual busca que este lugar sea reconocido de ahora en adelante como el *Complejo Musical y Dancístico del Obrero*.

Creado en 1919, el Barrio Obrero sirvió de hogar, en un comienzo, para las personas que trabajaban en la construcción del Ferrocarril del Pacífico y otras actividades económicas. Fue así como el intercambio cultural y la llegada constante de migrantes transformaron para siempre este lugar, afamado por sus verbenas, *Aguaelulo* y fiestas de cuota.

A lo largo de su historia, el Obrero ha sido el hogar y el origen de una considerable cantidad de músicos, agrupaciones y escuelas de baile que han hecho parte de la cultura popular de Cali y el Valle del Cauca. Así las cosas, se trata de una parada imperdible para los amantes de la salsa en Colombia, que tendrá un nuevo y renovado rostro para propios y visitantes.

Adaptado de https://www.tropicanafm.com (Colombia)

PREGUNTAS

1. El Barrio Obrero es el lugar ideal para celebrar *La Ruta de la Salsa*:
   a. Por la importancia que tienen la música y el baile en la historia del barrio.
   b. Ya que cuenta con la infraestructura necesaria para ello.
   c. Porque fue en este barrio donde se originó este género musical.

2. Según el texto, el Barrio Obrero es popular entre los visitantes:
   a. A quienes les interesa la historia de la música colombiana.
   b. Que desean aprender a bailar salsa y pasárselo bien.
   c. Que quieren vivir de cerca las costumbres y tradiciones del barrio.

3. El evento contó con:
   a. Competiciones de baile entre diferentes colegios.
   b. Actuaciones de artistas internacionales.
   c. Conciertos de músicos de diferentes lugares de Colombia.

4. La celebración de *La Ruta de la Salsa* tiene como objetivo:
   a. Proporcionar una plataforma para dar a conocer a los músicos locales.
   b. Atraer a músicos famosos de Colombia y otros países latinoamericanos.
   c. Consolidar el barrio como un centro de referencia de la música y el baile.

5. El Barrio Obrero fue originalmente un barrio:
   a. Conocido entre aficionados de la salsa por sus fiestas y escuelas de baile.
   b. De trabajadores de diferentes procedencias, cuyas culturas lo influenciaron.
   c. Que servía de lugar de paso para migrantes en busca de empleo.

TAREA 2

Vas a leer las reseñas de cuatro restaurantes de Madrid en los que sirven, según una web, las mejores patatas bravas. Relaciona los enunciados (6-11) con los textos (A, B, C o D).

Recuerda: hay textos que deben ser elegidos más de una vez.

A. Las Bravas

Situado en el centro de Madrid, al lado de la Puerta del Sol, encontramos Las Bravas, el lugar perfecto para reponer fuerzas después de una visita al casco histórico de la ciudad. Aquí encontrarás las mejores bravas de la capital, gracias a su auténtica y original salsa brava, que solo podréis comprar en sus locales.

En 1933 abrieron su primer local y, tras la Guerra Civil, comenzaron a servir raciones a los clientes. En los años 50 empezaron a añadir, en sus raciones de patatas, una salsa picante que dio lugar a la salsa brava, creando así un plato típico español. Esta salsa presenta un agradable sabor picante y aseguran que es la mejor salsa brava de Madrid. Además, cuentan con una carta muy variada de muchas otras raciones.

B. Los Chicos

Su receta única y secreta les ha convertido en parte de la historia de Madrid y de los madrileños. Ubicado en el barrio de Chamberí, encontramos Los Chicos, un local que, generación tras generación, ha conseguido que su famosa salsa brava llegue a ser apreciada entre los críticos gastronómicos y reconocida, en innumerables medios de comunicación, como una de las mejores de Madrid.

Además, para aquellos que seáis celiacos y amantes de las bravas, en su local encontraréis la opción de bravas sin gluten, para que todos podáis disfrutar de esta tapa típica española sin perder el sabor original. También disponéis de muchas otras opciones gracias a su variada carta. Aparte del local de Chamberí tienen otros dos, uno en Embajadores y otro en Goya.

C. Docamar

Es un local que abrió sus puertas en 1963 y cuya especialidad era, y sigue siendo, las auténticas patatas bravas. Como bien nos cuentan, sus orígenes se remontan al Bar Donato, una pequeña taberna muy castiza, del estilo de esos locales centenarios que aún se pueden ver por algunos barrios de Madrid. Aseguran tener la auténtica salsa brava, especialidad de la casa, destacando que una buena salsa brava puede mejorar muchos platos. Su sabor ahumado, que aporta el pimentón de La Vera, sumado al poderoso picante de la cayena y al resto de especias hacen que esta salsa acompañe multitud de platos de todo tipo.

Además, tenéis la opción de comprar la salsa en su local y así preparar en casa una auténtica ración de bravas. Disponen de menú del día y, cuando se acerque el buen tiempo, podréis disfrutar de su terracita pidiendo... ¡una de bravas!

D. Taberna y media

Situado en la milla de oro gastronómica de Madrid, la del Retiro, nos encontramos con Taberna y media, un proyecto personal de José Luis y Sergio Martínez. Su objetivo es recuperar el tapeo de siempre con recetas actualizadas en un entorno más sofisticado, dividido en dos ambientes, la barra y el comedor. En 2020, fueron ganadores de la primera edición del Concurso Internacional de Elaboración de Patatas Bravas, así que poco más hay que decir para saber que son unas de las mejores bravas de Madrid.

Las famosas «Bravas cremosas de Alejandro» son diferentes e inolvidables, y no solo por su presentación, algo más cuidada y delicada de lo normal, sino por su cremosa salsa brava, que las ha llevado a convertirse en las mejores del panorama nacional.

Adaptado de https://unbuendiaenmadrid.com (España)

ENUNCIADOS

6. La salsa brava no siempre estuvo en su menú.

A	B	C	D

7. Este restaurante no siempre tuvo el mismo nombre.

A	B	C	D

8. En este lugar se puede comer al aire libre.

A	B	C	D

9. Adaptan tapas tradicionales para que sean más modernas y exquisitas.

A	B	C	D

10. Fue ahí donde se inventó la salsa brava.

A	B	C	D

11. Tienen opciones para gente con intolerancias alimenticias.

A	B	C	D

Comprensión de lectura y uso de la lengua

TAREA 3

Lee el texto y rellena los huecos (12-22) con la opción correcta (a, b o c).

El fenómeno de Bad Bunny

El exponente puertorriqueño de música urbana Bad Bunny ha demostrado que su impacto trasciende la música. Con ____ **12** ____ de su álbum *Debí Tirar Más Fotos*, no solo se posicionó como el primer artista latino en incluir varias canciones simultáneamente en la lista Hot 100 de Billboard, ____ **13** ____ también avivó un debate sobre temas sociales y culturales.

Este nuevo trabajo discográfico aborda temas como la pérdida de identidad cultural y la resistencia a la colonización, convirtiéndolo en su proyecto más político hasta la fecha. En una entrevista radial, Bad Bunny explicó que su motivación para hablar de política no ____ **14** ____ en un interés personal, sino en cómo estas decisiones impactan a su país y su gente.

Esta postura resalta la importancia del respeto a los ideales y la necesidad de utilizar plataformas influyentes para ____ **15** ____ temas sociales. Si bien algunos critican su incursión en estos asuntos, otros ven en él un portavoz auténtico, ____ **16** ____ refleja las preocupaciones de su generación.

Bad Bunny también ha incursionado en la salsa con su tema *Baile inolvidable*, ganándose elogios ____ **17** ____ leyendas del género como Willie Colón y Willie Rosario. Ambos destacaron cómo el artista urbano ha revitalizado el interés de las nuevas generaciones por este género.

Sin embargo, el proyecto de ley PC 161 busca limitar la asistencia de menores a ____ **18** ____ considerados para adultos, como los conciertos de Bad Bunny. Esto pone sobre la mesa el debate sobre los límites entre el entretenimiento, la educación y la responsabilidad parental.

Aunque es indiscutible que su música y mensajes inspiran a millones, no es menos cierto que algunas de sus canciones contienen letras muy gráficas y hasta cierto ____ **19** ____ vulgares, no aptas para ser ____ **20** ____ por menores. Si bien la decisión de permitir que los niños ____ **21** ____ estas canciones recae en los padres, la realidad es que factores como el acceso sin restricciones a las redes sociales dejan este tema ____ **22** ____ de control. La línea entre libertad creativa e influencia negativa es delgada, lo que plantea el reto de equilibrar la expresión artística con el impacto que esta puede tener en las nuevas generaciones.

Adaptado de https://periodicoelsolpr.com (Puerto Rico)

OPCIONES

12. a. la publicación   b. la inauguración   c. el lanzamiento

13. a. sino que   b. pero   c. incluso

14. a. está   b. radica   c. consiste

15. a. que aborde   b. que abordara   c. abordar

16. a. que   b. cual   c. cuyo

17. a. por   b. de   c. desde

18. a. eventos   b. sucesos   c. acciones

19. a. detalle   b. lugar   c. punto

20. a. adquiridas   b. consumidas   c. empleadas

21. a. escucharan   b. escuchen   c. escucharían

22. a. fuera   b. lejos   c. afuera

Preparación Diploma de Español Escolar (Nivel B2/C1)

TAREA 4

Vas a leer un texto sobre un videojuego español. Después, contesta a las preguntas (23-27), seleccionando la respuesta correcta (a, b o c).

UN VIDEOJUEGO ESPAÑOL CON EL HIPHOP COMO HILO CONDUCTOR

La música urbana, el miedo a un futuro cada vez más incierto y la insalvable necesidad de expresar los sentimientos que experimentamos a lo largo de nuestro paso por el mundo son los tres pilares sobre los que se asienta la base de ANTRO, una producción nacida en España a manos del estudio barcelonés Gatera Studio.

El mundo de ANTRO es una distopía en la que, tras un acontecimiento conocido como el Colapso, la humanidad se ha visto obligada a vivir bajo tierra: la ciudad de Barcelona es ahora ANTRO, un lugar que sus propios creadores describen como un *sucio y oscuro* agujero en el que los pobres luchan contra los ricos para sobrevivir en un ambiente hostil y liderado por un dictador: el Salvador. Este sistema totalitario sobrevive a base de privar a sus habitantes de cualquier manifestación artística. La libertad de expresión es un eco del pasado.

Un repartidor se enfrenta a una tarea mucho más importante de lo que parece. Nittch, el personaje que hay que encarnar, es un repartidor al que se le ha encomendado la tarea de transportar un paquete cuyo contenido resulta tan misterioso como su destinatario. El viaje le permitirá ir descubriendo que existe gente dispuesta a luchar... y, lo que es aún más importante, a reflejar sus sentimientos y emociones a través de un vehículo que la historia ha demostrado que es más poderoso que cualquier arma de fuego: la música. Y, más concretamente, la música urbana, el hiphop y sus derivados: el *trap*, la música electrónica que sirve como base, el rap, etcétera.

Nittch tendrá que superar todo tipo de obstáculos para llegar a su destino y, mientras evita la muerte, reflexionará sobre el estado del mundo que le rodea. Ahí es cuando entra en escena la música, que, a través de temas de producción propia, ofrece un recital sobre conceptos como la libertad, la política y el papel que los ciudadanos de una urbe tienen en ella. Todas ellas son reflexiones basadas en una distopía que tiene mucho que ver con el estado de la sociedad actual.

Tratándose de un juego en el que la música tiene una presencia tan importante, no es de extrañar que haya algunas fases con un componente rítmico que nos lleva a tener que pulsar un botón en el momento justo, siguiendo el compás. Si bien, al igual que sucede en otros aspectos de la mecánica, no siempre queda muy claro qué es exactamente lo que tenemos que hacer para evitar chocar de bruces contra un obstáculo. El sistema de ensayo y error, tan característico de juegos de esta índole, vuelve a ser aquí protagonista absoluto de la partida. Caer por un precipicio no es tan catastrófico como cabría imaginar, ya que el juego guarda la partida de forma automática con frecuencia. Si las cosas nos parecen demasiado difíciles, podemos optar por facilitarnos la vida con opciones que nos permiten, por ejemplo, saltar los puzles.

Adaptado de https://vandal.elespanol.com (España)

PREGUNTAS

23. En el juego, se representa un mundo en el que:
    a. La suciedad ha obligado a los humanos a vivir en el subsuelo.
    b. La lucha de los pobres es liderada por el Salvador.
    c. El régimen se mantiene mediante la prohibición del arte.

24. El protagonista del juego:
    a. Es contratado para ayudar en la lucha contra el sistema.
    b. Es la única persona que conoce el contenido del paquete.
    c. Aprende sobre la importancia de la música para expresarse.

25. El videojuego:
    a. Hace referencia a la situación del mundo real.
    b. Sugiere que la gente no puede solucionar los problemas sociales.
    c. Incluye temas de músicos políticamente concienciados.

26. Hay momentos del juego en los que tienes que:
    a. Crear tus propios ritmos.
    b. Ir al ritmo de la música.
    c. Memorizar las melodías.

27. Para avanzar en el juego, deberás:
    a. Completar todas las pruebas.
    b. Experimentar hasta lograrlo.
    c. Guardar la partida constantemente.

TAREA 5

Vas a leer un texto del que se han extraído cinco párrafos. A continuación, lee los siete fragmentos propuestos (A-G) y decide en qué lugar del texto (28-32) hay que colocar cada uno. Hay dos fragmentos que no tienes que elegir.

KIRMAN, UN JOVEN ESCULTOR AUTODIDACTA

Vende sus tallas a los turistas al borde de una carretera cubana

Cuando era apenas un niño, Kirman Méndez realizó su primera talla casera con una gubia. Fue una pieza imperfecta, mínima, pero a él le pareció la más hermosa del mundo. **28.** _____. En ese entonces, en la zona donde vivía, solo su primo José Luis realizaba esculturas de madera.

Se trataba de toda una odisea, un arte oculto, pues si era sorprendido por la policía era multado e incluso se lo llevaban detenido. José Luis y Kirman nunca entendieron esas represalias, pues para sus creaciones solo recogían algunos palos del monte o las partes duras de los maderos que desechaban los carpinteros en su trabajo. **29.** _____. A ambos lados de la carretera central se paraban con sus esculturas y se las vendían a los turistas que pasaban.

En esos años, Kirman estudiaba la licenciatura en Cultura Física en la ciudad de Camagüey; pero pronto comprendió que la cuenta y el tiempo no daban y decidió dejar la carrera para dedicarse por completo a la escultura y poder ganarse la vida. **30.** _____. Han aprendido con la práctica, ayudándose los unos a los otros a corregir los defectos de sus piezas.

Finalmente, el mismo día que por fin el Estado cubano lo autorizó a trabajar legalmente, Kirman levantó un puestecito al borde de la carretera central, en medio de la inmensidad de la llanura del Camagüey, para vender sus piezas. Sus primeros y más numerosos clientes fueron los cubanoamericanos; pero, en la actualidad, los que más compran son los chinos. **31.** _____.

El turismo ha sido para ellos una bendición. **32.** _____. Sus precios son siempre más competitivos que los que ofrecen los puestos de artesanos en las grandes ciudades. Gracias a su arte, Kirman ha podido seguir viviendo en el mismo lugar donde nació, un pueblo apartado, carente de todo, donde las únicas opciones que les quedan a los jóvenes suelen ser la agricultura o la emigración.

Adaptado de https://www.todocuba.org (Cuba)

FRAGMENTOS

A | A ellos les encantan, sobre todo, las piezas hechas con guayacán, que, sin barnizarse, tienen un hermoso color metálico y son muy olorosas.

B | Las autoridades no valoraban sus obras, ya que no se regían por los estándares marcados por la élite artística.

C | Tanto él como casi todos los que se ganan el sustento de esa forma nunca han estudiado en una escuela de arte.

D | Convertido ya en un escultor experto, todavía la recuerda, a sus 33 años, como una de sus creaciones más queridas.

E | Son muy apreciados por sus colores cálidos, que extraen de plantas locales, y por cómo combinan formas naturales con líneas rectas.

F | Aunque están literalmente en el *fin del mundo*, Kirman y los demás escultores creen que pueden competir con ventaja por ofrecer artículos de *primera mano*.

G | A pesar de la insensata persecución, Kirman, José Luis y otros jóvenes del lugar convirtieron en oficio su afición por la escultura y persistieron en él.

Anota el tiempo que has tardado. Recuerda que solo tienes 75 minutos.

Preparación Diploma de Español Escolar (Nivel B2/C1)

>>>> **PRUEBA 2**

45 minutos — Tiempo para las 4 tareas. Tienes que responder a 30 preguntas.

TAREA 1

17

Vas a escuchar a siete jóvenes que hablan sobre las películas clásicas que les han marcado. Los oirás dos veces. Selecciona el enunciado (A-K) que corresponde al tema del que habla cada persona (1-7). Hay once enunciados incluido el ejemplo, selecciona siete.

Es importante leer primero los enunciados: tienes 30 segundos.

ENUNCIADOS

A	Habla de una tradición relacionada con la película.
B	No parece lógico que le guste la película.
C	Se pone la película para sentirse bien.
D	La música de la película le influye en su día a día.
E	Cree que la película está infravalorada.
F	La película le ha enseñado lo que es importante en la vida.
G	Prefiere ver la película en el idioma original.
H	Piensa que lo mejor de la película es la música.
I	Piensa que la película le ha afectado en su vida sentimental.
J	Valora especialmente la estética de la película.
K	Dice que el trabajo de los actores es muy convincente.

OPCIONES

0.	Persona 0	B
1.	Persona 1	
2.	Persona 2	
3.	Persona 3	
4.	Persona 4	
5.	Persona 5	
6.	Persona 6	
7.	Persona 7	

TAREA 2   18 🔊

Vas a escuchar una entrevista a Rafael Pascuale, un joven artista peruano, hablando sobre su obra. La oirás dos veces. Después, debes contestar a las preguntas (8-15), seleccionando la respuesta correcta (a, b o c).

Es importante leer primero las preguntas: tienes 60 segundos.

PREGUNTAS

8. Rafael vive actualmente en:
   a. Perú.
   b. Estados Unidos.
   c. México.

9. Rafael comenzó a pintar:
   a. Cuando volvió de los Estados Unidos.
   b. Durante su infancia.
   c. Cuando era adolescente.

10. Rafael aprendió a pintar:
   a. En un curso en una biblioteca pública.
   b. A través de la experimentación.
   c. Por Internet, con la ayuda de un tutor.

11. Según Rafael:
   a. Los tutoriales de YouTube pueden dar lugar a errores.
   b. Las herramientas digitales son muy útiles para aprender.
   c. Es mejor aprender mirando libros que por Internet.

12. Sobre el *scumbling*, Rafael dice que es una técnica:
   a. Que fue inventada por el artista barroco Caravaggio.
   b. Que consiste en emplear otras materias además de la pintura.
   c. En la que se pinta utilizando pocos colores.

13. Las obras de Rafael tratan de:
   a. Reflejar el interior de la mente humana.
   b. Hacer entender lo que quiere transmitir a través de ellas.
   c. Demostrar lo frágil que es el cuerpo humano.

14. Rafael cree que:
   a. Durante el proceso de creación de la obra, el artista pierde el control.
   b. La obra le sirve al artista para transmitir sus sensaciones al observador.
   c. Una vez creada la obra, esta se desvincula del artista.

15. Rafael siente que sus obras:
   a. Forman parte de él.
   b. Responden a todas sus preguntas.
   c. Trascienden el tiempo.

Preparación Diploma de Español Escolar (Nivel B2/C1)

TAREA 3 19 🔊))

Vas a escuchar un episodio de un programa peruano que trata sobre la generación Z y sus hábitos de lectura. Lo oirás dos veces. De los doce enunciados que aparecen debajo (A-L), deberás elegir los siete (16-22) que corresponden al programa.

Es importante leer primero los enunciados: tienes 60 segundos.

ENUNCIADOS

A. En términos generales, la generación Z lee más en papel que generaciones anteriores.

B. Los jóvenes están empezando a renunciar a la tecnología.

C. La información en los textos impresos puede ser fácilmente comprobada.

D. A la generación Z le preocupa más la veracidad de la información que a otras generaciones.

E. Para la generación Z, las generaciones anteriores deberían dejar de leer textos digitales.

F. Los jóvenes confían más en los textos impresos que en los digitales.

G. La generación Z es consciente de que la información en Internet no siempre puede ser fiable.

H. No se puede demostrar si la información de textos digitales es veraz.

I. La gente tiende a pensar que los jóvenes prefieren leer textos digitales a textos impresos.

J. La sobreexposición a la tecnología es un factor que contribuye a que los jóvenes lean más.

K. La lectura es para los jóvenes una manera de escapar de sus responsabilidades.

L. Los jóvenes leen más para desconectarse del mundo digital.

Marca solamente las siete opciones.

16-22	A	B	C	D	E	F	G	H	I	J	K	L

TAREA 4

Vas a escuchar cuatro conversaciones entre dos personas. Las oirás dos veces. Después, debes contestar a las preguntas (23-30) seleccionando la opción correcta (a, b o c).

Es importante leer primero las preguntas: tienes 40 segundos.

PREGUNTAS

Conversación 1   20

23. Según la chica, la tortilla del restaurante:
- a. Está más buena que la del padre del chico.
- b. Está igual de buena que la del padre del chico.
- c. No está tan buena como la del padre del chico.

24. La chica:
- a. Quiere probar las croquetas la próxima vez.
- b. Dice que le gustaron mucho las croquetas.
- c. Piensa que las croquetas eran demasiado caras.

Conversación 2   21

25. En un principio, el chico:
- a. Quería quedarse con el cuadro del lago.
- b. No quería exponer el cuadro del lago.
- c. Quería tirar el cuadro del lago.

26. La chica no quiere aceptar el cuadro porque:
- a. No tiene donde ponerlo.
- b. Le parece demasiado grande.
- c. Siente que es demasiado valioso.

Conversación 3   22

27. El chico dice que llegaron tarde porque:
- a. Hubo que arreglar el coche.
- b. Hacía muy mal tiempo.
- c. El padre tenía que recoger algo del taller.

28. El chico y su familia han decidido:
- a. Ir un día al castillo.
- b. Alquilar un kayak.
- c. Comprar un regalo a la abuela.

Conversación 4   23

29. La chica piensa que:
- a. A su amigo le favorece el naranja.
- b. Su amigo sale bien en la foto.
- c. Hay que retocar la foto.

30. Al chico le parece que el marco que ha elegido la chica:
- a. Es de mal gusto.
- b. Es aceptable.
- c. No va con la foto.

Anota el tiempo que has tardado. Recuerda que solo tienes 45 minutos.

Preparación Diploma de Español Escolar (Nivel B2/C1)

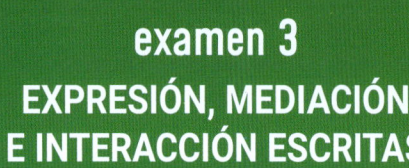

PRUEBA 3

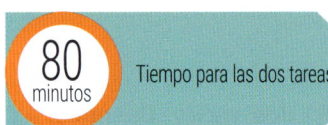
80 minutos   Tiempo para las dos tareas.

TAREA 1

En Aguascalientes, México, han lanzado una iniciativa para que los jóvenes sin recursos se puedan expresar artísticamente. En clase os han pedido que escribáis sobre el tema.

Vas a escuchar una presentación sobre un proyecto artístico para que jóvenes en situación de vulnerabilidad se puedan expresar. Toma notas para luego utilizarlas en tu texto.   24

Escribe una redacción en la que deberás:

- Introducir el tema.
- Resumir las ideas principales de una presentación de un proyecto artístico.
- Opinar sobre esta iniciativa.
- Comentar cómo llevarías a cabo este proyecto en tu ciudad.

Número de palabras: entre 150 y 180.

Ayudas para esta tarea

Para tomar notas mientras escuchas:
- Anota las ideas principales, no frases enteras.
- Puedes usar abreviaturas o símbolos: ej. (*ejemplo*); tb. (*también*); + (*más*); = (*igual*).
- Identifica los marcadores, tales como *en primer lugar; por otro lado; para concluir,* etc.
- Identifica conectores de causa, oposición, etc.

Para introducir el tema:
- *Desde tiempos inmemoriales, el arte ha sido una manera esencial de expresarse para el ser humano.*
- *El arte es un medio universal para transmitir nuestros valores, inquietudes y sentimientos.*

Para referirte a lo que has escuchado:
- *En la presentación, mencionan que...*
- *Como dicen en la presentación...*

Expresar la opinión:
- *Considero que la iniciativa podría ayudar...*
- *Yo diría que habría que tener en cuenta...*
- *Entiendo que, para llevar a cabo esta iniciativa, se necesitaría...*

Para hablar de tu experiencia personal con el tema:
- *Esta iniciativa me recuerda a una vez que...*
- *De hecho, una vez participé en...*

TAREA 2

Opción 1

Tu profesor de Ciencias Sociales te ha pedido que escribas una redacción sobre los hábitos de los jóvenes en su tiempo de ocio. Para ayudaros, os han dado este gráfico con los datos de una encuesta realizada a jóvenes españoles de entre 15 y 29 años. Escribe un ensayo para presentarte al concurso, en el que deberás:

- Hacer una introducción al tema.
- Comentar los datos del gráfico y dar tu valoración.
- Hablar sobre lo que la gente de tu entorno y tú hacéis en vuestro tiempo de ocio.

Número de palabras: entre 180 y 220.

Práctica de distintas actividades de ocio con bastante o mucha frecuencia en una población de 15-29 años

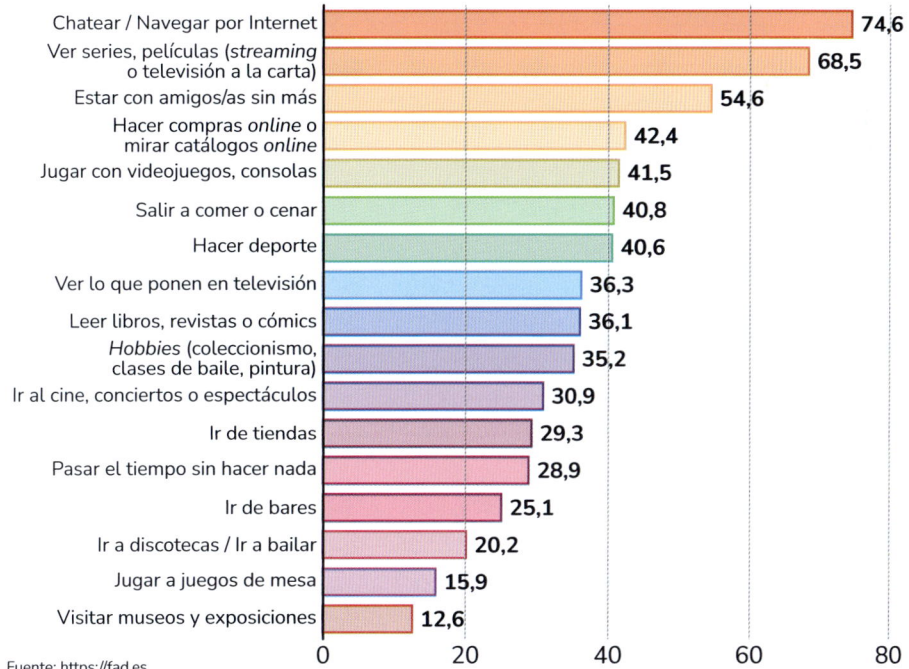

Práctica de distintas actividades de ocio con bastante o mucha frecuencia en una población de 15-29 años

Actividad	Valor
Chatear / Navegar por Internet	74,6
Ver series, películas (*streaming* o televisión a la carta)	68,5
Estar con amigos/as sin más	54,6
Hacer compras *online* o mirar catálogos *online*	42,4
Jugar con videojuegos, consolas	41,5
Salir a comer o cenar	40,8
Hacer deporte	40,6
Ver lo que ponen en televisión	36,3
Leer libros, revistas o cómics	36,1
Hobbies (coleccionismo, clases de baile, pintura)	35,2
Ir al cine, conciertos o espectáculos	30,9
Ir de tiendas	29,3
Pasar el tiempo sin hacer nada	28,9
Ir de bares	25,1
Ir a discotecas / Ir a bailar	20,2
Jugar a juegos de mesa	15,9
Visitar museos y exposiciones	12,6

Fuente: https://fad.es

Adaptado de: https://fad.es

Preparación Diploma de Español Escolar (Nivel B2/C1)

Expresión, mediación e interacción escritas

Ayudas para esta tarea

Introducir el tema:
- *Aunque nuestras obligaciones relacionadas con el trabajo y los estudios son de vital importancia, el ocio y el tiempo libre también desempeñan un papel fundamental.*
- *En nuestra sociedad empleamos la mayor parte de nuestro tiempo en el trabajo y los estudios, y por ello anhelamos el momento en el que nos podamos dedicar a lo que realmente nos gusta.*

Expresar la opinión:
- *A mi modo de ver, la gente debería leer más y ver menos películas.*
- *Opino que la gente compra más online que en tiendas por conveniencia.*
- *Pienso que el motivo por el que la gente no sale tanto es que trabaja demasiado y necesita descansar.*

Valorar:
- *Me extraña que a tanta gente le guste estar con sus amigos sin más.*
- *Me parece bien que la mayoría no vaya a bares de copas.*
- *Resulta raro que más de un 36 % vea lo que ponen en la tele.*

Organizar el discurso:
- *Como indica el gráfico, la actividad de ocio más popular entre los jóvenes es chatear y navegar por Internet.*
- *De igual modo, es importante considerar el impacto que tienen las nuevas tecnologías en nuestras formas de entretenimiento.*
- *En definitiva, según lo que refleja el gráfico, la mayoría de los jóvenes recurre a las nuevas tecnologías en su tiempo de ocio.*

Opción 2

Tu barrio ha recibido fondos del Ayuntamiento para destinarlos al ocio y entretenimiento de los jóvenes. Han decidido pedir a los jóvenes que manden sus propuestas de cómo emplear ese dinero. Lee el anuncio y escribe una carta con tus sugerencias. En la carta deberás:

- Poner el lugar y la fecha.
- Expresar el motivo de la carta: dar ideas de actividades que gustan a los jóvenes de hoy.
- Presentarte y hablar de lo que sueles hacer en tu tiempo libre.
- Proponer tres iniciativas y explicar por qué las propones.
- Explicar cómo estas beneficiarían a la comunidad.

Número de palabras: entre 180 y 220.

¡Tu barrio, tus ideas!

El Ayuntamiento ha conseguido una ayuda especial para invertir en actividades y locales de ocio para jóvenes en nuestro barrio. Ahora queremos que seas tú quien decida cómo se utilizará.

¿Tienes ideas para talleres, actividades, deportes, música, cultura o espacios de encuentro? ¡No te quedes sin opinar!

Envía tus propuestas a *ociojuvenil@elbarrio.com*. Las mejores ideas se harán realidad, para que todos los jóvenes del barrio puedan disfrutar y pasarlo genial.

¡Participa y haz que tu voz cuente!

Ayudas para redactar una carta

Lugar y fecha:
- *Palma, 2 de octubre de (año)*

Encabezamiento:
- *Estimados señores o Estimado Sr. + apellido / Estimada Sra. + apellido*

Presentarte:
- *Mi nombre es Martín Martínez y tengo quince años.*

Motivo de la carta:
- *Les escribo en referencia al proyecto ¡Tu barrio, tus ideas! y quisiera compartir algunas propuestas con ustedes.*

Hablar de aficiones:
- *Soy un apasionado del skate. Lo practico siempre que puedo.*

Sugerir:
- *Estaría bien invertir parte de la ayuda en la construcción de una pista de skate.*

Argumentar:
- *Creo que sería una buena idea, ya que mis amigos y yo no tenemos donde practicar skate. Además, es una actividad muy popular entre los jóvenes de este barrio.*

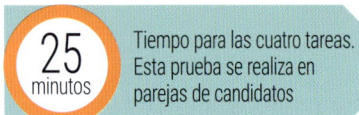

25 minutos — Tiempo para las cuatro tareas. Esta prueba se realiza en parejas de candidatos

Tiempo para la preparación **20** minutos

TAREA 1

EXPOSICIÓN ORAL SOBRE UN TEMA

Debes elegir un texto y realizar una exposición oral durante dos o tres minutos sobre el texto que has preparado. Durante la exposición puedes mirar tus notas, pero no leerlas.

Mientras un/-a candidato/a realiza su exposición, el/la otro/a escucha con atención, para formularle una pregunta al empezar la Tarea 2.

En tu exposición debes:
- Resumir los puntos principales del texto.
- Expresar tu opinión sobre el tema.

Ocio, tiempo libre y tecnologías

El ocio es ese espacio de nuestras vidas en el que realizamos actividades que nos gustan para ocupar nuestro tiempo libre. Es decir, es el tiempo que dedicamos a realizar actividades que elegimos libremente para entretenernos, divertirnos, que nos satisfacen personalmente y que no suponen una obligación. El ocio no es solo importante para el desarrollo de los jóvenes, también lo es para las personas adultas y mayores. En todas las etapas de la vida, el ocio cumple una función socializadora y educativa que favorece la convivencia y el crecimiento personal.

Con el auge de las tecnologías, la ocupación del tiempo libre ha cambiado de manera radical, especialmente entre los niños y los jóvenes. La revolución tecnológica ha supuesto una revolución también de las formas de entretenerse y divertirse, de las formas de ocio. Con ello, ha surgido el dilema entre el ocio *online* y el ocio *offline*, lo cual puede suponer un importante problema en el desarrollo personal y social de los más jóvenes, e incluso un problema también en la convivencia familiar. Este contraste entre ambos tipos de ocio refleja cómo la tecnología puede ser tanto una herramienta positiva de comunicación como una fuente de aislamiento si se usa en exceso.

Según un estudio del 2019, un 74,6 % de los jóvenes aseguraba que la actividad que más realizaba en su tiempo libre era chatear o navegar por Internet, un 68,5 % decía ver series y/o películas en *streaming* o a la carta y un 54,6 % indicaba estar con amigos/as. Además, entre el 40 y 41 % de los jóvenes encuestados aseguraban que con mucha frecuencia dedicaban su tiempo libre a jugar a videojuegos, hacer deporte o salir a comer o cenar fuera de casa.

Las tecnologías se han convertido en una herramienta imprescindible para el ocio entre la juventud y a la comunidad educativa le preocupa el tiempo que dedican los jóvenes al ocio digital, pues, según las cifras analizadas, el promedio es de 7 horas al día. Claro está que nada puede sustituir los múltiples beneficios que tienen las actividades de ocio *offline* en el desarrollo de los más pequeños, como jugar en el parque, hacer deporte, visitar museos, etcétera. Tenemos a nuestra disposición infinidad de actividades que nos aportan un importante disfrute personal y que además nos ayudan a desarrollar capacidades y valores esenciales en la vida.

Cuando ese equilibrio entre lo *online* y lo *offline* no se respeta, es cuando surgen los problemas. Un uso excesivo de las nuevas tecnologías podría llevar al desarrollo de ciberadicciones u otros problemas de salud física y mental. Por tanto, es importante hacer un uso responsable de los dispositivos, para generar patrones de ocio adecuados y equilibrados, así como para evitar conflictos y dependencia.

Adaptado de: https://www.tepongounreto.org (España)

Ayudas para la exposición oral

Consejos para hacer un buen resumen:
- Lee el texto, identifica las ideas clave (puedes subrayarlas) y elimina los detalles irrelevantes.
- Escribe la información manteniendo el orden del texto original, pero usando tus propias palabras.
- Usa conectores para relacionar las ideas.
- El resumen debe ser breve y claro.

Expresar la opinión:
- *Para mí la clave está en el autocontrol.*
- *Me parece que los adultos tienden a exagerar con el tema de los móviles.*
- *No veo que sea algo tan grave.*
- *En mi opinión, la gente no debería tener móvil hasta los dieciocho.*

Expresión, mediación e interacción orales

TAREA 2

ENTREVISTA SOBRE EL TEMA DE LA EXPOSICIÓN

Ahora tu compañero/a te va a formular una pregunta y, luego, el/la examinador/-a te hará una pequeña entrevista relacionada con el tema de la Tarea 1. Debes responder a las preguntas y justificar tus opiniones. Dispones de dos minutos.

Para preguntar al/a la compañero/a sobre su intervención puedes usar estas estructuras para referirte a cosas concretas que haya dicho:

- *Entonces, ¿tú piensas que...?*
- *No me ha quedado muy claro lo que has dicho acerca de...*
- *¿Me puedes aclarar lo que has comentado sobre...?*

Para contestar a la pregunta de tu compañero/a, puedes utilizar:

- *No, no es eso lo que yo quería decir. Yo me refería a...*
- *No me has entendido, lo que quería decir es...*
- *Sí, efectivamente, esa es mi opinión.*

Estas son las preguntas que el/la examinador/-a puede hacerte en la entrevista.

Tú entorno y tu

- **Tu tiempo libre**: *¿En qué empleas tú tu tiempo libre?*
- **Tu familia**: *¿Tus padres te ponen límites a la hora de usar Internet en tu tiempo libre?*
- **Tus amigos/as y compañeros/as**: *¿Interactúas con tus amigos/as a través de aplicaciones de Internet? (videojuegos, retos de TikTok...)*
- **Tu entorno escolar**: *¿Os hablan en vuestro colegio sobre los peligros que supone hacer un uso excesivo de las nuevas tecnologías?*

Reflexión y ampliación sobre el tema

- **Los adolescentes y los móviles**: *¿A qué edad se debería tener el primer móvil?*
- **Papel del instituto**: *¿Crees que los colegios e institutos tienen un papel en educar a los estudiantes en el uso del tiempo libre?*
- **El ocio offline**: *¿Cómo fomentarías la práctica de actividades de ocio sin pantallas?*
- **Papel de las instituciones**: *¿Crees que en tu barrio hay suficientes opciones para la diversión y el entretenimiento de los adolescentes? ¿Echas algo en falta?*

TAREA 3

EXPERIENCIA PERSONAL O ANÉCDOTA SOBRE ESTE TEMA

Vas a contar una experiencia del pasado en la que te lo hayas pasado muy bien y que te traiga buenos recuerdos. Dispones de un minuto y medio. Durante la exposición puedes mirar tus notas, pero no leerlas.

- ¿Qué pasó? ¿Cuándo sucedió?
- ¿Dónde fue?
- ¿Con quién estabas?

TAREA 4

CONVERSACIÓN INFORMAL ENTRE CANDIDATOS

El/La examinador/-a elegirá una lámina que os entregará a los/las candidatos/as. Tenéis un minuto para leerla y, luego, vais a conversar durante 5 o 6 minutos para tomar una decisión entre los dos que cumpla con los criterios marcados.

Vuestro colegio ha organizado un concurso fotográfico. Estas son las cuatro fotografías finalistas. Tu compañero/a y tú formáis parte del jurado para seleccionar la ganadora. Debéis elegir una de las fotografías, teniendo en cuenta:

- Que los jóvenes se puedan identificar.
- Que transmita la importancia de la amistad.

Mira las propuestas y considera con tu compañero/a las ventajas y desventajas de cada una, para tomar una decisión juntos/as. Se trata de una conversación abierta, así que puedes interrumpir, discrepar, pedir o dar aclaraciones, argumentar tus opiniones y rebatir las de tu compañero/a.

Ayudas para el debate

Preguntar la opinión del otro:
- *¿Qué piensas de esta fotografía?*
- *¿Y esta qué te parece?*

Mostrar acuerdo total o parcial:
- *A mí tampoco me parece adecuada esta fotografía, por...*
- *Estoy contigo. Esta fotografía es chula. Me gusta que...*

Expresar desacuerdo:
- *No coincido contigo. Esta fotografía no me convence.*
- *Pues a mí me parece que esta fotografía sí resalta la importancia de la amistad.*

Interrumpir:
- *Sí, ya, claro, ¿pero no crees que esta es mejor, por...?*

examen
4

La sociedad, la ciudad y los servicios

VOCABULARIO

FICHA DE AYUDA PARA LA EXPRESIÓN E INTERACCIÓN ORAL Y ESCRITA

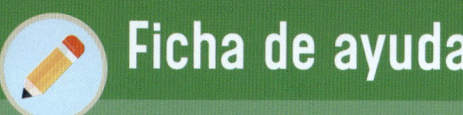 **Ficha de ayuda**

SERVICIOS Y COMERCIO

asistencia ....
asistente social ....
atención al cliente ....
baja (por enfermedad) ....
celular ....
cobertura sanitaria ....
compañía de seguros ....
condiciones laborales ....
consumidor/-a ....
cotización ....

dispositivo ....
empresa de mensajería ....
gastos de envío ....
lanzamiento ....
oferta/promoción ....
prestación ....
presupuesto ....
recogida de basura ....
tarjeta de fidelidad ....
voluntariado ....

VERBOS

contratar ....
cotizar ....
dar de ~ alta/baja ....
dejar una señal ....
denunciar ....
domiciliar ....
pagar ~ a plazos ....
poner una denuncia ....
remitir carta ....
retirar dinero ....

BANCA Y PAGOS

ahorro ....
aval ....
comercio justo ....
consultar movimientos ....
cuenta corriente ....
descuento ....
entidad/oficina/sucursal ....
~ bancaria ....
inversión ....
operar ....
tasa ....

TRANSPORTE URBANO Y CONDUCCIÓN

acelerador ....
chocar ....
embrague ....
experimentado/a ....
frenar ....
freno (de mano) ....
(im)prudente ....
infringir ....
manejar ....
responsabilidad civil ....
palanca de cambio ....

permiso ....
~ de conducir/de manejo
....
seguro ....
~ a terceros ....
~ a todo riesgo ....
señal (de tráfico) ....
temerario/a ....
vehículo ....
volante ....

LA CIUDAD Y LA SOCIEDAD

acera ....
acoger ....
acogida ....
alrededores ....
asilo ....
asistencia ....
carril para bicicletas (carril bici) .....
casco antiguo/histórico ....
cobertura ....
conciencia social ....

convivir ....
cooperar ....
derechos humanos ....
desempleo ....
(des)igualdad ....
discapacitados ....
discriminar ....
excluir ....
fluvial ....
inmigrantes ....

integrar(se) ....
interurbano/a ....
marginación ....
menores ....
movimiento migratorio ....
normativa ....
personas mayores ....
rincón ....
servicio militar ....
ubicación ....

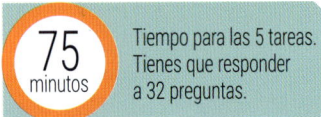

75 minutos Tiempo para las 5 tareas. Tienes que responder a 32 preguntas.

TAREA 1

Vas a leer un texto sobre los jóvenes que viven en las zonas rurales en Chile. Después, debes contestar a las preguntas (1-5), seleccionando la respuesta correcta (a, b o c).

Más de medio millón de jóvenes vive en el campo

En 1967 se promulgó la Ley 16640, que reestructuró la administración agraria. Más de cinco décadas después, los descendientes de aquellos campesinos presentan rasgos que difieren sustancialmente de los de entonces y, en muchos aspectos, guardan mayor afinidad con los jóvenes de ámbitos urbanos. Tienen más escolaridad, están conectados con la tecnología y los que se quieren quedar en el campo ya no quieren trabajar la tierra como lo hacían sus padres.

Según un estudio titulado *Los nietos de la reforma agraria*, 565 504 jóvenes del país, entre 15 y 29 años, viven en sectores rurales (el 13 % de este segmento etario) y otros 838 000 en zonas *rururbanas*, esto es, lugares que fueron tradicionalmente rurales, pero que hoy gozan de un cierto nivel de infraestructuras y conectividad). Sergio Faiguenbaum, coautor del estudio, pone como ejemplo de zona *rururbana* las comunas de El Monte y San Pedro, en la Región Metropolitana.

Un cambio de los últimos años es la neorruralidad: «un fenómeno migratorio inverso. Los neorrurales son jóvenes, en su mayoría con educación superior, cuyo proyecto de vida pasa por cambiar la ciudad por el campo, buscando vivir y realizar sus negocios o emprendimientos en estas zonas», explica Faiguenbaum. Estos jóvenes, que se reencantan con la vida rural, aportan ideas novedosas.

Una de las distinciones más notables respecto de las generaciones previas que habitaban el ámbito rural se manifiesta en el nivel educativo. Hoy, los jóvenes rurales exhiben una escolaridad tres veces superior a la de sus progenitores. Mientras que en 1990 apenas el 21 % de este grupo alcanzaba doce o más años de educación formal, en la actualidad la proporción se eleva al 74 %. En términos absolutos, 110 000 jóvenes rurales y 185 000 de zonas *rururbanas* se encuentran matriculados en enseñanza media; a estos se suman otros 60 000 y 127 000 respectivamente que cursan educación superior, principalmente en universidades.

De los jóvenes rurales y *rururbanos* que viven en el campo y trabajan, solo el 10 % lo hace por cuenta propia (agricultores). El otro 90 % lo hace asalariado y, de ellos, un tercio trabaja en el sector agrícola y el resto en servicios, comercio y transporte. «Culturalmente, dedicarse a las labores del campo es percibido negativamente, es una labor poco deseada, pero bien remunerada. Se produce ahí una tensión. No es grato trabajar la tierra desde el punto de vista físico, y se sienten más calificados», dice Faiguenbaum.

Adaptado de https://www.latercera.com (Chile)

PREGUNTAS

1. Los campesinos actuales:
- a. Ya no quieren trabajar en el campo.
- b. Se parecen mucho a los jóvenes que habitan la ciudad.
- c. Tienen mejor educación que los jóvenes urbanos.

2. Según el estudio:
- a. El 13 % de los jóvenes del país vive en el campo.
- b. Las zonas *rururbanas* son más tradicionales.
- c. Hay más jóvenes en zonas rurales y *rururbanas* que en la ciudad.

3. Los neorrurales:
- a. Son campesinos que migran a la ciudad.
- b. Aspiran a reformar las ciudades.
- c. Proponen ideas innovadoras.

4. Los jóvenes rurales:
- a. Tienen mejores resultados académicos que sus padres.
- b. Suelen alcanzar mayor nivel educativo que anteriores generaciones.
- c. Raramente llegan a alcanzar estudios universitarios.

5. Trabajar en la agricultura:
- a. Está mal visto en la sociedad.
- b. No compensa económicamente.
- c. Necesita una formación específica.

Preparación Diploma de Español Escolar (Nivel B2/C1)

TAREA 2

Vas a leer los testimonios de cuatro jóvenes que han hecho voluntariados. Relaciona los enunciados (6-11) con los textos (A, B, C o D).

Recuerda: hay textos que deben ser elegidos más de una vez.

A. Voluntariado para salvar tortugas marinas en Costa Rica

Siempre había soñado con viajar a un destino paradisíaco, pero quería que mi viaje tuviera un propósito más allá del turismo convencional, que se relacionara con mi pasión por los animales y el medioambiente. Así descubrí el programa de conservación de tortugas marinas en Costa Rica. Durante una quincena me sumergí en una experiencia única, conviviendo con otros voluntarios, y aprendiendo sobre la biodiversidad marina. Las noches eran mágicas. Caminar por la playa bajo un cielo estrellado, en silencio, con el sonido de las olas rompiendo en la orilla... Y, cada vez que encontraba una tortuga desovando, mi emoción era indescriptible. Pero no es solo un viaje de ensueño; también representa retos físicos y emocionales. Tuve que acostumbrarme a largas caminatas nocturnas en terrenos difíciles, adaptarme a condiciones de vida más básicas y enfrentarme a la dura realidad de que no todas las crías sobreviven.

B. Programa de voluntariado en Panamá

Una de las cosas más asombrosas para mí fue la oportunidad de conocer diferentes realidades. A través de las personas que conocí, tanto locales como voluntarios de otros lugares, pude ampliar mi visión del mundo y aprender cosas nuevas que nunca antes había imaginado, ni esperado. Sin embargo, lo que más me marcó en este sentido fue el contacto con la comunidad indígena. Convivir con ellos fue una experiencia que nunca olvidaré. Cantar y reír juntos fue uno de los regalos más valiosos que me llevo de esta experiencia. Es difícil expresar todo lo que viví en Panamá en unas pocas líneas. Me llevo anécdotas inolvidables, momentos maravillosos y, sobre todo, la sensación de haber hecho algo útil. Desde lo más profundo de mi corazón, quiero dar las gracias por este proyecto que me permitió conocer a gente maravillosa, aprender de otras culturas y contribuir de alguna manera al bienestar de los demás.

C. Experiencia de voluntariado en Valencia

Por las mañanas, trabajaba con bebés y niños de entre tres meses y cuatro años, que aún no van a la escuela. El enfoque principal fue el desarrollo del lenguaje, ya que muchos hablaban a duras penas español, porque sus padres eran inmigrantes y en casa solo se hablaba su lengua materna. Como voluntaria, se me permitió contribuir a la organización y mis propuestas fueron recibidas con los brazos abiertos, lo que me dio un sentimiento de independencia. Después de la pausa del almuerzo volvíamos al proyecto. Por la tarde, atendíamos a niños en edad escolar. El enfoque aquí era el apoyo con las tareas y el seguimiento escolar. El objetivo principal era mantener y promover la motivación de lo trabajado en la escuela. Tras hacer los deberes y repasar las lecciones, preparábamos juegos y otras actividades, por ejemplo, talleres de artesanía.

D. Voluntariado en Nepal

Viajé a Katmandú para realizar un voluntariado en Nepal. La experiencia fue del todo enriquecedora e impactante. Uno se va con la idea de enseñar allí y, al final, los que te enseñan son los propios niños y niñas. Fue una estancia muy breve, pero suficiente para asomarme al mundo del trabajo solidario. Estábamos dos horas diarias en un monasterio budista y otras dos horas en el orfanato. Los niños monjes del monasterio tienen una vida bastante limitada y estricta, apenas salen del monasterio y dedican su vida prácticamente a la meditación. Sin embargo, los niños del orfanato van a la escuela, aprenden inglés, entre otras asignaturas, y pueden obtener un trabajo una vez cumplidos los dieciocho, es decir, «decidir» su futuro. Lo mejor de la experiencia fue aprender a vivir el día a día de la gente nepalí y a ser consciente de la suerte que tenemos.

Adaptado de https://www.adventurevolunteer.org (España)

ENUNCIADOS

6. Le impactó relacionarse con la población nativa.

A	B	C	D

7. La experiencia fue una iniciación en el campo del voluntariado.

A	B	C	D

8. Tuvo la oportunidad de aportar sus propias ideas.

A	B	C	D

9. La experiencia le ayudó a valorar su buena fortuna.

A	B	C	D

10. Una de las actividades era el refuerzo de las materias del colegio.

A	B	C	D

11. Le supuso importantes esfuerzos personales a todos los niveles.

A	B	C	D

TAREA 3

Lee el texto y rellena los huecos (12-22) con la opción correcta (a, b o c).

Así son las mejores cuentas del banco para jóvenes

Un nuevo estudio publicado este mes por Fico, empresa estadounidense de análisis de datos, muestra que cada vez son más los jóvenes, *millennials* y de la Generación Z, que consideran a los bancos *online* como su principal ____ **12** ____ de cuentas corrientes.

El porcentaje de esas dos generaciones que eligieron a las *fintech* en ____ **13** ____ de a los bancos tradicionales se ha duplicado desde el 2020.

«Es normal que, ante este panorama internacional, los bancos de todo el mundo ____ **14** ____ que modificar su modelo de negocio tradicional y adaptarse rápidamente a la flexibilidad y la digitalización que exigen los jóvenes», ____ **15** ____ los expertos.

Pero ¿qué busca la juventud a la hora de elegir un banco? Lo cierto es que para una generación que ha crecido a ____ **16** ____ de los avances tecnológicos, y que no es capaz de salir de casa sin su móvil, lo más importante es la digitalización. «Y no se trata solo de tener una aplicación móvil. Buscan poder operar de manera inmediata: recibir y enviar dinero con un solo clic, consultar movimientos, conectar su cuenta con otras *apps* y que el proceso no solo sea veloz, ____ **17** ____ también seguro», resumen los expertos.

Otro punto que atrae a los jóvenes son las herramientas de ahorro y la posibilidad de ____ **18** ____. Revolut, por ejemplo, permite hacerlo en criptomonedas y materias primas.

Los jóvenes también valoran la libertad. Un banco tradicional que supo leer rápidamente esta demanda fue el BBVA, que ofrece a los menores de 30 años una de las cuentas más atractivas del mercado, porque no tiene comisiones ni ____ **19** ____.

Otra demanda constante de los jóvenes, sobre todo entre los que empiezan a compartir piso, es la posibilidad de tener una cuenta con varios ____ **20** ____. Y si hay una entidad que ha pensado en satisfacer este deseo, ha sido Openbank, que permite hasta cinco.

«Como expertos siempre aconsejamos lo mismo: comparar y enumerar tus necesidades. No existe una cuenta perfecta, ____ **21** ____ hay muchas y la mejor cuenta depende de ____ **22** ____ se está buscando», reconocen los especialistas.

Sin embargo, lo más importante para elegir la mejor cuenta bancaria es que sea gratuita y sin comisiones, que no tenga permanencia y la posibilidad de retirar dinero de cualquier cajero del mundo.

Adaptado de https://www.lavanguardia.com (España)

OPCIONES

12. a. aprovisionador   b. proveedor   c. suplidor

13. a. lugar   b. sitio   c. plaza

14. a. tendrán   b. tendrían   c. hayan tenido

15. a. iluminan   b. subrayan   c. realzan

16. a. la par   b. ritmo   c. base

17. a. sino   b. pero   c. como

18. a. investir   b. invertir   c. adquirir

19. a. requerimientos   b. requisiciones   c. requisitos

20. a. dueños   b. titulares   c. propietarios

21. a. de hecho   b. *de facto*   c. actualmente

22. a. cuál   b. la que   c. qué

TAREA 4

Vas a leer un texto sobre el patinete eléctrico. Después, contesta a las preguntas (23-27), seleccionando la respuesta correcta (a, b o c).

ROMPIENDO EL ESTIGMA CLASISTA DEL PATINETE ELÉCTRICO: «HABRÁ QUE RENEGOCIAR CÓMO NOS MOVEMOS POR LA CIUDAD»

En la puerta de McDonald's, Luis Fernández apenas tiene tiempo para charlar. En cuanto le entreguen el pedido se alejará velozmente en su patinete eléctrico: primero, a través del aparcamiento; después, de un carril bici; y, cuando alcance zonas más céntricas, saltará entre la calzada y la acera, según le convenga. «El patinete puedes meterlo en un portal o subirlo por la escalera», cuenta este joven repartidor. Él intenta no separarse nunca de su vehículo: «Es mi medio de trabajo y vale más de mil euros, no podría quedarme sin él. Lo malo es que en muchos edificios públicos exigen dejarlo fuera».

Una de las cosas que más le preocupan es la falta de empatía que los conductores de automóviles suelen mostrar hacia los VMP (vehículos de movilidad personal, ya sean patinetes o bicicletas eléctricas): «Los hay hostiles, que te pasan rozando o ignoran las situaciones en las que tú tienes preferencia. Y casi ninguno piensa que, con dos ruedas pequeñas, no podemos frenar tan bien como ellos», deplora. También se lamenta de que, en general, les faltan espacios para descansar o para recargar sus vehículos.

La prensa solo suele hablar de los patinetes para referirse, por este orden, a accidentes y lesiones, regulaciones confusas y problemas de convivencia con los peatones. Y es que, aunque el uso del patinete no deja de aumentar, su prestigio y la percepción de quienes no los usan empeora por momentos. Quizá sea clasismo: los patinetes, asociados en un inicio a ejecutivos moviéndose por los distritos financieros de las grandes capitales, hoy son el primer vehículo al que acceden personas de colectivos marginalizados, como migrantes sin carné de conducir o jóvenes desempleados, y empiezan a cargar con los estigmas de estos.

«Está claro que la calzada ahora tiene más pretendientes que el automóvil y la acera tiene más pretendientes que el peatón; pero esto habla de la necesidad de un cambio en el diseño de las calles, con carriles segregados para bicis y patinetes. Estas formas de movilidad son un complemento al transporte público. La gran transformación a un nuevo modelo de movilidad pasa por estos nuevos medios de transporte y por el transporte público, y ambos son muy complementarios», afirma el arquitecto y urbanista Lago Carro.

Un informe anual de la Fundación Mapfre recoge datos de siniestralidad sobre patinetes y otros VMP. Aunque algunos son preocupantes, los expertos consideran que, mediante la difusión de buenas prácticas y el ajuste de las normativas, estas cifras mejorarán, como lo hicieron las referidas a automóviles. Carlos Diz, sociólogo, afirma: «Al final las ciudades están transformándose, y el patinete es uno de los objetos que nos permiten pensar que ya no estamos solos en un tipo de ciudad, que pronto el actor dominante a lo mejor ya no lo será, y que, por lo tanto, hay que renegociar la manera en la que estamos juntos».

Adaptado de: https://elpais.com (España)

PREGUNTAS

23. Luis Fernández:
   a. Prefiere ir por la calzada o la acera que por el carril bici.
   b. Cree que los patinetes son demasiado caros para los trabajadores.
   c. Tiene miedo de que le puedan robar el patinete.

24. Luis se queja de:
   a. La falta de lugares para aparcar su patinete.
   b. Que los conductores de coches no sean comprensivos.
   c. La poca maniobrabilidad de los patinetes.

25. Actualmente los patinetes:
   a. Tienen mala imagen en los medios de comunicación.
   b. Son percibidos negativamente por sus usuarios.
   c. Son usados tanto por ejecutivos como por colectivos marginalizados.

26. Lago Carro afirma que:
   a. Los patinetes compiten con coches y peatones en la calle.
   b. Hay que separar el carril para bicis del carril para patinetes.
   c. Los VMP acabarán sustituyendo a los transportes públicos.

27. Los expertos consideran que:
   a. Con mejores normas y educación vial la convivencia en las ciudades mejorará.
   b. La situación de la ciudad era mejor cuando solo había automóviles.
   c. El uso del patinete está contribuyendo a cambiar las ciudades.

TAREA 5

Vas a leer un texto del que se han extraído cinco párrafos. A continuación, lee los siete fragmentos propuestos (A-G) y decide en qué lugar del texto (28-32) hay que colocar cada uno. Hay dos fragmentos que no tienes que elegir.

EL DESAFÍO DE SER JOVEN EMPRENDEDOR EN AMÉRICA LATINA

La tasa de emprendimiento en la mayoría de los países del continente latinoamericano es muy superior a la de otros países más ricos, como EE. UU. o España. En Latinoamérica, el principal motivo para emprender es la voluntad de «ganarse la vida ante el problema de la falta de trabajo», también conocido como *emprendimiento de necesidad*. **28.** _____ Históricamente, los jóvenes se han visto especialmente impactados por la escasez y precariedad del trabajo en Latinoamérica, con tasas de desempleo significativamente superiores a la media del continente. La informalidad del trabajo a la que muchos se enfrentan implica unas condiciones laborales deficientes, sin prestación para el desempleo, ni baja por enfermedad o cotización para la jubilación. El panorama que se encuentran muchos de estos jóvenes a la hora de emprender es particularmente desafiante. **29.** _____.

El 81 % de los emprendimientos juveniles son autofinanciados. Los jóvenes representan un segmento poco atractivo para los inversores y acreedores por causa principalmente de su falta de historial financiero, seguridad y experiencia. **30.** _____. Sin embargo, desafortunadamente, esta posibilidad no está al alcance de todos. Para los más vulnerables, la financiación externa es la única solución, a veces inaccesible por su falta de historial crediticio y de garantía o aval, entre otros problemas.

Desde el sector público se están poniendo en marcha importantes iniciativas para apoyar a los jóvenes, como la impulsada por el Banco Centroamericano de Integración Económica (BCIE), que ha dotado de doscientos cincuenta millones de dólares a sus países socios para fomentar el empleo y el emprendimiento juvenil. **31.** _____.

En Latinoamérica existe un desfase entre las habilidades que adquieren los jóvenes durante su etapa educativa y aquellas que se necesitan a la hora de incorporarse al mercado laboral. Por otro lado, la elevada tasa de desempleo supone un obstáculo para acceder a la formación proporcionada desde el puesto de trabajo y merma la confianza de aquellos a los que les gustaría lanzarse a emprender. **32.** _____. Lo que se necesitaría es un modelo con una educación modular y flexible que permita a los alumnos elegir materias de su interés, alineadas con lo que está siendo demandado por parte de sus potenciales empleadores, así como, por otra parte, desarrollar habilidades transversales para manejarse en el entorno laboral actual.

Del mismo modo que la financiación y la formación cobran un papel fundamental para los emprendedores más jóvenes, también lo hace la exposición a entornos, experiencias e incluso personas que puedan acompañarlos en el proceso de emprender, o en el de plantearse el emprendimiento como forma de vida.

Adaptado de https://otraeconomia.com.ar (Argentina)

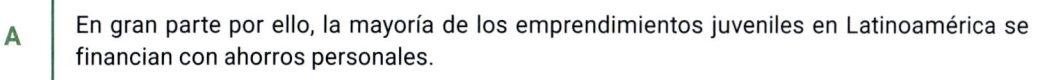

FRAGMENTOS

A En gran parte por ello, la mayoría de los emprendimientos juveniles en Latinoamérica se financian con ahorros personales.

B Es por ello que es crucial desarrollar entre todos mecanismos para apoyarlos en las distintas dimensiones.

C Sin embargo, son pocos los emprendedores latinoamericanos que logran madurar sus proyectos.

D La incorporación de un mentor que impulse el desarrollo profesional y personal de los jóvenes es esencial para garantizar un ambiente propicio.

E El sector privado también ha lanzado numerosos programas con este fin.

F Este segmento de la población prefiere emigrar en busca de prosperidad.

G Para reducir esta brecha, hace falta un planteamiento diferente de la formación.

Anota el tiempo que has tardado. Recuerda que solo tienes 75 minutos.

PRUEBA 2

45 minutos

Tiempo para las 4 tareas.
Tienes que responder
a 30 preguntas.

TAREA 1   25

Vas a escuchar a siete jóvenes que hablan sobre su ciudad favorita de España. Los oirás dos veces. Selecciona el enunciado (A-K) que corresponde al tema del que habla cada persona (1-7). Hay once enunciados incluido el ejemplo: selecciona siete.

Es importante leer primero los enunciados: tienes 30 segundos.

ENUNCIADOS		OPCIONES		
A	Se trata de una ciudad fluvial.	0.	Persona 0	E
B	Lo interesante de esta ciudad son los alrededores.	1.	Persona 1	
C	Es de fundación moderna.	2.	Persona 2	
D	En esa ciudad se celebra un evento anual.	3.	Persona 3	
E	Su familia procede de esa ciudad.	4.	Persona 4	
F	Actualmente vive en esa ciudad.	5.	Persona 5	
G	Es una ciudad acogedora.	6.	Persona 6	
H	Se han grabado películas allí.	7.	Persona 7	
I	Puede llegar a ser muy calurosa.			
J	Tiene un centro histórico muy extenso.			
K	Le gusta la gastronomía de esa ciudad.			

TAREA 2   26 🔊))

Vas a escuchar una entrevista a Alfonso Escriche, joven empresario en el campo de la innovación. La oirás dos veces. Después, debes contestar a las preguntas (8-15) seleccionando la respuesta correcta (a, b o c).

Es importante leer primero las preguntas: tienes 60 segundos.

PREGUNTAS

8. Alfonso Escriche, cuando terminó la universidad:
   a. Empezó a trabajar en una gran empresa.
   b. Se puso a trabajar para un familiar suyo.
   c. Quería hacer algo con impacto en la sociedad.

9. La aplicación CerQana:
   a. Fue el primer proyecto profesional de Alfonso.
   b. Estaba orientada a deportistas.
   c. Era una adaptación de un proyecto anterior.

10. El objetivo de Alfonso es:
   a. Que CerQana se adapte a los cambios en la tecnología.
   b. Que la misma tecnología esté al alcance de todos.
   c. Desarrollar una tecnología adaptada a los mayores.

11. El segmento *cíber* tiene como principal objetivo:
   a. Mejorar la calidad de vida de las personas mayores.
   b. Acabar con las enfermedades asociadas con la longevidad.
   c. Hacer que las personas vivan cada vez más años.

12. El proyecto actual de Alfonso respecto a las personas con movilidad reducida:
   a. Tiene un alcance mundial.
   b. Las ayudará a encontrar aparcamiento.
   c. Las formará en el uso de las tecnologías.

13. La regulación de la Unión Europea:
   a. Dice que las personas discapacitadas deben poder aparcar donde quieran.
   b. Ha sido puesta en práctica de modo diferente en cada municipio.
   c. Abarca el uso de Google Maps de las personas con movilidad reducida.

14. Alfonso Escriche afirma que:
   a. Emprender en innovación social no merece la pena.
   b. Es difícil ofrecer un servicio y tener valores al mismo tiempo.
   c. Los consumidores exigen que las empresas sean éticas.

15. Respecto a Park4dis, Alfonso Escriche:
   a. Pide la ayuda de los espectadores.
   b. Anima al público a utilizarla.
   c. Dice que es un proyecto de los ayuntamientos.

Comprensión auditiva

TAREA 3

27 🔊))

Vas a escuchar un pódcast mexicano que habla sobre los jóvenes y la conducción. Lo oirás dos veces. De los doce enunciados que aparecen debajo (A-L), deberás elegir los siete (16-22) que corresponden al episodio.

Es importante leer primero los enunciados: tienes 60 segundos.

ENUNCIADOS

A. Una de las motivaciones de aprender a conducir es que es divertido.

B. En México, el permiso de manejo te capacita para aprender a conducir.

C. El riesgo de accidentes aumenta cuantas más millas se recorren.

D. A partir de los 55 años se produce una pérdida de capacidades.

E. Conductores y peatones se comportan de modo diferente ante el peligro.

F. Tener más edad no tiene por qué equivaler a más sensatez ni peor estado de salud.

G. El cuerpo de la persona está prácticamente desarrollado a los dieciséis años.

H. La edad ideal para aprender a conducir son los 18, porque ya se tiene responsabilidad penal.

I. Lo más importante es concentrarse en los controles del coche.

J. Las consecuencias legales fomentan la prudencia del conductor.

K. Solo se debería aprender con un monitor profesional.

L. La seguridad en uno mismo puede ser factor de riesgo.

Marca solamente las siete opciones.

16-22	A	B	C	D	E	F	G	H	I	J	K	L

TAREA 4

Vas a escuchar cuatro conversaciones entre dos personas. Las oirás dos veces. Después, debes contestar a las preguntas (23-30) seleccionando la opción correcta (a, b o c).

Es importante leer primero las preguntas: tienes 40 segundos.

PREGUNTAS

Conversación 1   28 🔊

23. La madre acusa al hijo de:
- a. Consumir los datos de toda la familia.
- b. Tener dependencia del móvil.
- c. Haber descargado videojuegos.

24. El chico dice que necesita el móvil para:
- a. Comunicarse con los profesores.
- b. Enviar los deberes de Filosofía.
- c. Hacer trabajos en grupo.

Conversación 2   29 🔊

25. A Jorge le van a regalar:
- a. Una taza.
- b. Un calendario.
- c. Una camiseta.

26. La chica tiene miedo de que:
- a. El envío salga muy caro.
- b. No hagan envíos a Mallorca.
- c. El paquete no llegue a tiempo.

Conversación 3   30 🔊

27. El chico tiene que:
- a. Cambiar su póliza de seguros.
- b. Hacer una extensión de la póliza.
- c. Contratar un seguro temporal.

28. La agente dice que con esta póliza:
- a. Hay que pagar una parte de los gastos médicos.
- b. El seguro cubre todos los gastos de salud.
- c. No se cubren los daños a terceros.

Conversación 4   31 🔊

29. La *tablet* sale más barata:
- a. Si se paga en mensualidades.
- b. Porque es un nuevo modelo.
- c. Porque están de rebajas.

30. La chica podrá aprovechar el descuento si:
- a. Coge uno de los productos marcados con una estrella.
- b. Da una parte del precio por adelantado.
- c. Vuelve esta tarde con el carné de estudiante.

Anota el tiempo que has tardado. Recuerda que solo tienes 45 minutos.

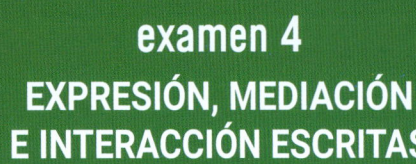

80 minutos Tiempo para las dos tareas.

TAREA 1

En el instituto os han pedido que escribáis una redacción sobre cómo ser consumidores responsables.

Vas a escuchar una presentación sobre la educación como elemento clave para un consumo responsable. Toma notas para luego utilizarlas en tu texto.

32

Escribe una redacción en la que deberás:

- Introducir el tema.
- Resumir las ideas principales de una charla sobre el tema.
- Opinar sobre el consumismo en el mundo actual.
- Comentar si tú te consideras una persona consumista.

Número de palabras: entre 150 y 180.

Ayudas para esta tarea

Para tomar notas mientras escuchas:
- Anota las ideas principales, no frases enteras.
- Puedes usar abreviaturas o símbolos: ej. (ejemplo); tb. (también); + (más); = (igual).
- Identifica los marcadores, tales como *en primer lugar*; *por otro lado*; *para concluir*, etc.
- Identifica conectores de causa, oposición, etc.

Para introducir el tema:
- *Está claro que la sociedad actual gira en torno al consumo.*
- *Vivimos en una sociedad de consumo, pero tenemos que evitar convertirnos en esclavos del consumismo.*

Para referirte a lo que has escuchado:
- *Como dice la conferenciante...*
- *De acuerdo con lo que dice la periodista...*

Expresar la opinión:
- *Para mí está claro que la clave reside en la educación.*
- *En mi humilde opinión, es responsabilidad de cada uno consumir con moderación.*

Para hablar de tu experiencia personal con el tema:
- *Yo, personalmente, he cambiado mucho en mi modo de consumir.*
- *En mi caso, antes compraba sin pensar, pero ahora intento informarme sobre qué estoy comprando.*

TAREA 2

Opción 1

En la clase de Educación para la Ciudadanía habéis estado hablando sobre el servicio militar y ha surgido un debate sobre si es una buena idea, o no, que sea obligatorio. El/La profesor/-a os ha propuesto escribir un texto sobre el tema y, para ayudaros, os ha dado estos gráficos con los datos de una encuesta realizada en diferentes países de Europa. Escribe un texto en el que deberás:

- Hacer una introducción al tema.
- Comentar los datos del gráfico y dar tu valoración.
- Exponer tu opinión personal sobre el tema.

Número de palabras: entre 180 y 220.

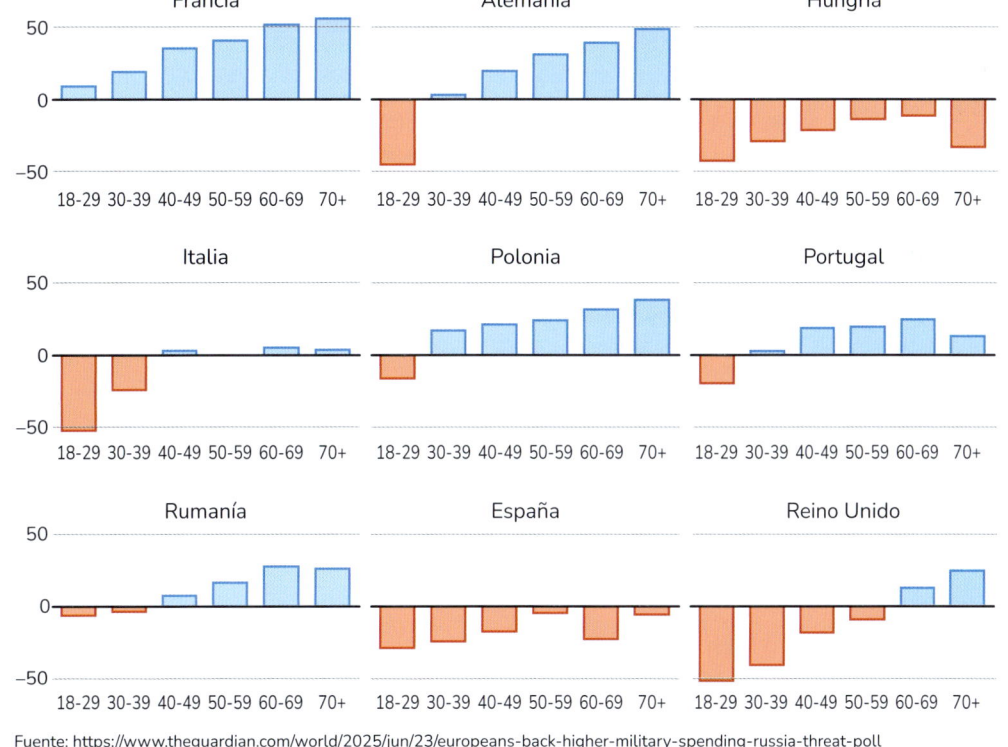

A favor o en contra del servicio militar obligatorio

Fuente: https://www.theguardian.com/world/2025/jun/23/europeans-back-higher-military-spending-russia-threat-poll

Rojo: en contra del servicio militar obligatorio   **Azul:** a favor del servicio militar obligatorio

Fuente: https://www.theguardian.com

Preparación Diploma de Español Escolar (Nivel B2/C1)

Expresión, mediación e interacción escritas

Ayudas para esta tarea

Introducir el tema:
- *El tema de si el servicio militar debería ser obligatorio es controvertido, porque enfrenta la libertad personal con el deber del ciudadano para con su país.*
- *Desgraciadamente, vivimos en un mundo donde abundan los conflictos bélicos, lo cual hace que surja el tema de la conveniencia o no de tener un servicio militar obligatorio.*

Valorar los datos:
- *Me llama mucho la atención que en Francia todos los sectores de edad estén de acuerdo con el servicio militar obligatorio, en mayor o menor medida.*
- *Es comprensible que en la mayoría de los casos los jóvenes no estén de acuerdo.*

Expresar la opinión:
- *A mi juicio, el servicio militar debería ser algo voluntario.*
- *A mi modo de ver, nadie puede ser obligado a usar armas. Tiene que seguir siendo el trabajo de los profesionales: los militares.*
- *Considero que es lógico que lo planteen si no hay suficientes militares.*

Organizar el discurso:
- *En un primer análisis, vemos a través de los gráficos que varios países europeos están a favor de la obligatoriedad del servicio militar.*
- *Si leemos estos gráficos más detenidamente, vemos que pocos jóvenes europeos están a favor y muchos están en contra.*
- *En definitiva, es fundamental tener en cuenta el contexto geopolítico actual para analizar estos datos.*

Expresión, mediación e interacción escritas

Opción 2

Acabas de recibir este mensaje de tu compañía telefónica. Escribe un correo al Departamento de Atención al Cliente mostrando tu disconformidad. En el correo deberás:

- Saludar.
- Explicar el motivo del correo, refiriéndote al mensaje recibido.
- Decir por qué no estás de acuerdo con el cambio de condiciones.
- Advertir de las medidas que vas a tomar si persisten en aplicarte esos cambios.

Número de palabras: entre 180 y 220.

> **Asunto: Actualización de su tarifa móvil**
>
> Estimado/a cliente:
>
> Le informamos de que, a partir del 1 del próximo mes, la cuota de su tarifa Conecta Plus pasará de 24,90 € a 34,90 € al mes.
>
> Esta actualización se aplicará automáticamente y le permitirá disfrutar de más datos y llamadas ilimitadas.

Ayudas para redactar una carta

Encabezamiento:
- *Estimados/as señores/as; Buenos días/tardes*

Motivo del correo:
- *Les escribo en relación al mensaje que acabo de recibir sobre la actualización de mi tarifa.*
- *En respuesta al mensaje que acaban de enviarme...*

Expresar desacuerdo con el cambio de condiciones:
- *Espero y confío en que se trate de un error, ya que cuando contraté sus servicios me aseguraron que las condiciones no cambiarían en tres años.*
- *Les escribo para transmitirles mi sorpresa y enojo al comunicarme una subida de tarifa. Supone un incremento del 40 %, un importe obviamente inasumible.*

Advertir de las medidas que vas a tomar:
- *En caso de que persistan en la idea de aplicar esta subida, me veré obligado/a a cambiar de compañía en un primer momento, así como a acudir a la Oficina de Consumo.*

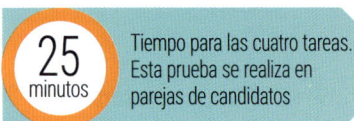

25 minutos — Tiempo para las cuatro tareas. Esta prueba se realiza en parejas de candidatos

Tiempo para la preparación **20** minutos

TAREA 1

EXPOSICIÓN ORAL SOBRE UN TEMA

Debes elegir un texto y realizar una exposición oral durante dos o tres minutos sobre el texto que has preparado. Durante la exposición puedes mirar tus notas, pero no leerlas.

Mientras un/-a candidato/a realiza su exposición, el/la otro/a escucha con atención, para formularle una pregunta al empezar la Tarea 2.

En tu exposición debes:
- Resumir los puntos principales del texto.
- Expresar tu opinión sobre el tema.

Los jóvenes prefieren hacer sus compras de forma presencial frente a la *online*

En la actualidad, tenemos a nuestro alcance casi todo a golpe de clic, especialmente los más jóvenes, que han nacido con un dispositivo en la mano. Pese a ello, parece que hay cosas que se resisten a desaparecer, como el placer de ir de compras con un amigo o una amiga, tocar esa sudadera, probarse una falda o salir corriendo de ese probador cuyo espejo está fabricado para ahondar las crisis personales. Más de la mitad de los adolescentes y los jóvenes de entre 15 y 29 años, es decir, el 51,3 %, prefiere ir de compras de manera presencial. Y, entre ellos, los que más se inclinan a ir de tiendas son los más jóvenes. De hecho, solo uno de cada cuatro prefiere adquirir lo que precisa a través de Internet.

¿Y esto, por qué? Los que optan por las tiendas físicas apuntan principalmente a la rapidez. También mencionan la confianza que les da conocer el lugar, ya que así se aseguran de que el producto es original. Y, por último, mencionan que sienten más seguridad a la hora de pagar. En cuanto a los que se inclinan por el comercio *online* afirman que lo hacen por la comodidad, el precio y por disponer de mayor variedad de productos.

Todo lo anterior son datos del estudio *Consumo seguro y responsable. Análisis del comportamiento juvenil en España*, elaborado por FAD Juventud y Amazon, que tiene como fin analizar los estilos de vida de la juventud vinculados al consumo. Este trabajo se basa en las respuestas de 1200 adolescentes y jóvenes de entre 15 y 29 años.

Según este trabajo, los jóvenes acuden al canal presencial para adquirir productos de comida o limpieza, ropa y calzado, de cuidado personal, belleza y deporte, además de muebles y decoración.

Por otro lado, en el caso de las compras *online* destacan las suscripciones a servicios de ocio y *streaming*; la comida a domicilio; los productos digitales, tales como libros, películas o videojuegos; los viajes, vacaciones y transporte; y las entradas para eventos.

Otro de los datos que llaman la atención es que dos tercios de los jóvenes practican la denominada *compra vicaria*, es decir, las compras que hacen los jóvenes para otras personas, por ejemplo, amigos que no tienen tarjeta de crédito o que no cuentan con determinados servicios y así les sale más barato. O incluso compras que hacen para sus padres o familiares que no se llevan bien con la tecnología.

Por último, según el informe de la FAD, el 46 % de los jóvenes perciben que el comercio electrónico es seguro, pero algo más del 19 % todavía no confía en hacer compras *online*. En este sentido, los comercios *online* que les dan más confianza son los que solo venden por esta vía y los supermercados.

Adaptado de https://www.lavanguardia.com

Ayudas para la exposición oral

Consejos para hacer un buen resumen:
· Lee el texto, identifica las ideas clave (puedes subrayarlas) y elimina los detalles irrelevantes.
· Escribe la información manteniendo el orden del texto original, pero usando tus propias palabras.
· Usa conectores para relacionar las ideas.
· El resumen debe ser breve y claro.

Expresar la opinión:
· *A mí me da la impresión de que los jóvenes…*
· *A mi juicio…*
· *Yo no considero que…*
· *En mi modesta opinión…*

TAREA 2

ENTREVISTA SOBRE EL TEMA DE LA EXPOSICIÓN

Ahora tu compañero/a te va a formular una pregunta y, luego, el/la examinador/-a te hará una pequeña entrevista relacionada con el tema de la Tarea 1. Debes responder a las preguntas y justificar tus opiniones. Dispones de dos minutos.

Para preguntar al/a la compañero/a sobre su intervención puedes usar estas estructuras para referirte a cosas concretas que haya dicho:

- *Entonces, ¿tú piensas que...?* • *No me ha quedado muy claro lo que has dicho acerca de...*
- *¿Me puedes aclarar lo que has comentado sobre...?*

Para contestar a la pregunta de tu compañero/a, puedes utilizar:

- *No, no es eso lo que yo quería decir. Yo me refería a...*
- *No me has entendido, lo que quería decir es...*
- *Sí, efectivamente, esa es mi opinión.*

Estas son las preguntas que el/la examinador/-a puede hacerte en la entrevista.

Tu entorno y tú

- **Las compras y tú**: *Personalmente, ¿prefieres comprar online o en tiendas físicas? ¿Qué productos prefieres comprar en tiendas y cuáles consideras mejor hacerlo online? ¿Por qué?*
- **Tu familia**: *¿Tus padres suelen comprar por Internet? ¿Qué tipo de productos? ¿Te han pedido ayuda alguna vez?*
- **Tus amigos/as y compañeros/as**: *¿Alguna vez has tenido que comprar para alguna persona cercana? ¿Por qué?*
- **Malas experiencias**: *¿Has tenido alguna mala experiencia comprando por Internet o conoces a alguien que la haya tenido?*

Reflexión y ampliación sobre el tema

- **Las estafas en Internet**: *¿Crees que Internet es un lugar seguro para comprar? ¿Piensas que es culpa de los consumidores cuando sufren una estafa o que debería haber más controles?*
- **Papel del instituto y las instituciones educativas**: *¿Crees que debería enseñarse educación digital o seguridad online en los colegios? ¿En qué asignatura podría estar incluida?*
- **Verificación de la seguridad**: *¿Cómo sabes si una página web es segura para comprar? ¿Qué señales o detalles revisas antes de introducir tus datos bancarios? ¿Crees que la mayoría de los jóvenes son conscientes de los riesgos de las compras online? ¿Qué harías si sospechas que una página o un/-a vendedor/-a no es fiable?*

TAREA 3

EXPERIENCIA PERSONAL O ANÉCDOTA SOBRE ESTE TEMA

Debes contar una anécdota relacionada contigo mismo/a o con alguien que haya tenido alguna mala experiencia comprando a través de Internet. Dispones de un minuto y medio. Durante la exposición puedes mirar tus notas, pero no leerlas.

- ¿Cuándo sucedió? ■ ¿Qué pasó? ■ ¿Pudiste/Pudo solucionar el problema?
- ¿Qué lecciones aprendiste/aprendió a partir de este suceso?

TAREA 4

CONVERSACIÓN INFORMAL ENTRE CANDIDATOS

El/La examinador/-a elegirá una lámina que os entregará a los candidatos. Tenéis un minuto para leerla y, luego, vais a conversar durante 5 o 6 minutos para tomar una decisión entre los dos que cumpla con los criterios marcados.

En tu instituto quieren organizar una actividad para que los/as alumnos/as conozcan mejor su ciudad. La idea era entrevistar a empleados/as en diferentes servicios públicos para que os explicaran su perspectiva, pero al final solo hay tiempo para uno. Tu compañero/a y tú habéis sido encargados/as de elegir la mejor opción. Debéis elegir a uno/a de los invitados/as propuestos/as teniendo en cuenta que:

- ■ Debe tratarse de una labor fundamental para la buena marcha de la ciudad.
- ■ Debe dar a los estudiantes una nueva perspectiva de la ciudad en la que vivís.

Mira las propuestas y considera con tu compañero/a las ventajas y desventajas de cada una, para tomar una decisión juntos/as. Se trata de una conversación abierta, así que puedes interrumpir, discrepar, pedir o dar aclaraciones, argumentar tus opiniones y rebatir las de tu compañero/a.

Ayudas para la prueba oral

Preguntar la opinión del otro:
- *¿Qué te parece si viene un guardia de tráfico?*

Mostrar acuerdo total o parcial:
- *Entiendo lo que dices, pero, por otro lado, la labor de los servicios de limpieza me parece fundamental para la buena marcha de una ciudad.*

Referirte a algo que ha dicho tu compañero/a:
- *¿Entonces tú piensas que sería mejor que viniera un policía?*

examen

5

La salud, la alimentación y el deporte

VOCABULARIO

FICHA DE AYUDA PARA LA EXPRESIÓN E INTERACCIÓN ORAL Y ESCRITA

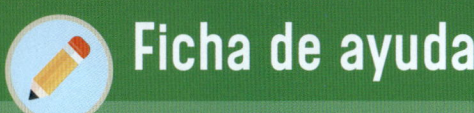 **Ficha de ayuda**

POSICIONES DEL CUERPO

- agacharse ....
- arrugar la frente ....
- arrugar la nariz ....
- caerse de sueño ....
- encogerse de hombros ....
- fruncir el ceño ....
- guiñar un ojo ....
- hacer muecas ....
- incorporarse ....
- tumbarse ....

HIGIENE Y CUIDADO PERSONAL

- enjabonar(se) ....
- hacerse un moño ....
- hacerse una coleta ....
- melena ....
- peinado ....
- pelo liso ....
- pelo ondulado ....
- puntas del pelo ....
- recogerse el pelo ....
- teñirse de rubio ....

SENSACIONES Y SÍNTOMAS

- desmayarse ....
- estar agotado ....
- estar hambriento ....
- estar helado ....
- estar mareado ....
- sentir malestar ....
- tener alergia ....
- tener molestias ....
- tener náuseas ....
- tener picor ....

DEPORTE Y COMPETICIONES

- aficionado/a ....
- calentar ....
- campeonato ....
- derrota ....
- eliminatoria ....
- empate ....
- entrenar ....
- grada ....
- lesión ....
- seguidor/-a ....
- torneo ....
- vencer ....

SALUD, ENFERMEDADES Y MEDICAMENTOS

- ambulatorio ....
- calmante ....
- cicatriz ....
- colesterol alto ....
- contagiar(se) ....
- crónico/a ....
- diagnosticar ....
- escayola ....
- esguince ....
- fractura ....
- hereditario/a ....
- herida ....
- inflamación ....
- otorrino(laringólogo/a) ....
- padecer ....
- pomada ....
- quemadura ....
- quirófano ....
- recetar ....
- ser celíaco/a ....
- tensión alta/baja ....
- traumatólogo/a ....
- vacunarse ....
- venda ....

ALIMENTOS, NUTRICIÓN Y UTENSILIOS

- bol ....
- bollería ....
- cacharro ....
- calcio ....
- caloría ....
- cazo ....
- chucherías ....
- cocer (al vapor) ....
- colorante ....
- conservante ....
- cristalería ....
- cuenco ....
- delicioso ....
- dulces ....
- empanar ....
- escurrir ....
- exprimir ....
- fibra ....
- frutos secos ....
- fuente ....
- hierro ....
- insípido ....
- macedonia de frutas ....
- moler ....
- olla ....
- proteína ....
- rebozar ....
- refresco ....
- rehogar ....
- sabroso ....
- sofreír ....
- trocear ....
- vajilla ....

PRUEBA 1

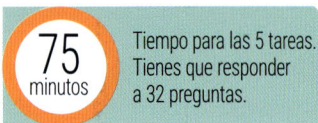

75 minutos

Tiempo para las 5 tareas.
Tienes que responder
a 32 preguntas.

TAREA 1

Vas a leer un texto sobre la moda de los tatuajes. Después, debes contestar a las preguntas (1-5), seleccionando la respuesta correcta (a, b o c).

Los tatuajes entre menores, una moda con riesgos que van más allá de la piel

En Europa no hay una normativa común que regule de manera uniforme la cuestión de los tatuajes en menores. Muchos países exigen autorización expresa de los padres, algunos incluso requieren la presencia paterna y los hay que los prohíben completamente. Sin embargo, sigue siendo relativamente fácil encontrar estudios que realizan tatuajes sin atenerse a estos requisitos. En estos entornos informales o clandestinos, además, los controles sanitarios y las medidas de esterilización dejan mucho que desear.

Desde el punto de vista médico, los especialistas afirman que los peligros son múltiples. El riesgo de contraer enfermedades graves a través de un tatuaje, aunque poco frecuente en locales certificados, se multiplica en espacios no regulados. Nos alertan, además, sobre los efectos a largo plazo. Los pigmentos usados pueden contener sustancias tóxicas que, con el tiempo, pueden descomponerse y liberar sustancias dañinas. A ello se suma la dificultad de eliminar un tatuaje no deseado: los tratamientos con láser son costosos, dolorosos y no siempre logran su objetivo.

Por otro lado, psicólogos y orientadores advierten de que el arrepentimiento posterior es frecuente, especialmente cuando los diseños elegidos tienen connotaciones emocionales que pierden sentido con el tiempo, como nombres de parejas, símbolos de moda o imágenes estereotipadas. En este sentido, los jóvenes pueden experimentar frustración, ansiedad o baja autoestima al sentirse marcados por una decisión precipitada.

Los psicólogos también advierten de la tendencia en adolescentes o jóvenes a tatuarse por presión social o por un impulso momentáneo, sin pensar en la huella que va a dejar en la piel esa decisión. El entorno digital también desempeña un papel clave. TikTok, Instagram o YouTube están repletos de *influencers* que exhiben tatuajes como símbolos de autenticidad y rebeldía, lo que genera una sensación de normalización e incluso de prestigio social, sin mostrar los posibles efectos adversos. Muchos tatuadores profesionales denuncian que algunos jóvenes recurren a métodos caseros, con agujas o tintas improvisadas, multiplicando los riesgos sanitarios.

Instituciones médicas, educativas y de consumidores reclaman programas de sensibilización y un control más estricto sobre los establecimientos que ofrecen estos servicios. En otros países europeos, la regulación es más rigurosa, con sanciones económicas y penales para quienes intervienen a menores sin autorización. Todos coinciden en la necesidad de reforzar la educación sobre la salud corporal y las decisiones permanentes y recomiendan que los padres mantengan un diálogo abierto con sus hijos sobre la presión social y los modelos de belleza. Algunos institutos ya incorporan charlas sobre autocuidado y estética corporal responsable.

Adaptado de https://exitoeducativo.net (España)

PREGUNTAS

1. En Europa, el tema de los tatuajes en menores:
- a. No cuenta con leyes homogéneas.
- b. Es siempre una decisión de los padres.
- c. Tiene mucho control sanitario.

2. Los profesionales sanitarios manifiestan que:
- a. En locales certificados no hay riesgo de contraer enfermedades.
- b. Podría haber consecuencias sobre la salud en el futuro.
- c. Es peligroso borrar con láser los tatuajes.

3. Según los psicólogos:
- a. Muchos acaban lamentándose por haberse tatuado.
- b. Tatuarse es simplemente una moda.
- c. Los tatuajes son síntoma de baja autoestima.

4. Muchos jóvenes se tatúan:
- a. Sin medir las consecuencias.
- b. Porque lo aconsejan los *influencers*.
- c. Porque es fácil hacerlo en casa.

5. Las diversas instituciones sociales reclaman:
- a. El endurecimiento de las leyes.
- b. Campañas de concienciación.
- c. Talleres al respecto en los institutos.

TAREA 2

Vas a leer información sobre cuatro nuevos deportes que se prevé incluir en los próximos Juegos Olímpicos. Relaciona los enunciados (6-11) con los textos (A, B, C o D).

Recuerda: hay textos que deben ser elegidos más de una vez.

A. *Flag football*

Es una variante del fútbol americano: el objetivo es avanzar por el campo hacia la zona de anotación, pero en esta versión no hay contacto, los placajes se sustituyen por la retirada de una de las tres banderas que lleva en la cintura el jugador con el balón. Juegan hasta cinco deportistas. La jugada finaliza cuando se coge una bandera, el que lleva el balón sale fuera de los límites del campo o se completa un pase, es decir, se avanza hacia delante y se posa el balón en la zona de anotación. Los partidos duran dos tiempos de 20 minutos. Cuando quedan dos minutos en cada parte, el reloj se detiene con cada interrupción. En caso de terminar igualados, se da comienzo a una prórroga en la que gana el primero que anota.

B. *Lacrosse*

Formó parte de los Juegos Olímpicos, pero como exhibición, en 1928, 1932 y 1948. Nació como pasatiempo para las poblaciones indígenas de América del Norte hacia el siglo XII. En la tradición aborigen de Canadá, formaba parte de un ritual, por lo que un partido podía llegar a durar días. Sin embargo, no fue hasta el siglo XIX cuando se fundó el Club de Lacrosse de Montreal y se elaboró su código de reglas. El objetivo es lanzar una pelota de goma a la portería contraria utilizando un palo con una red en su extremo. El equipo que tiene la posesión dispone de 30 segundos para completar la jugada, en caso contrario perderá la posesión. Esto también ocurre si regresa a su campo una vez superada la línea central.

C. Críquet

Ya se jugó a este deporte en París en 1900; sin embargo, se prevé que en los próximos juegos se dispute el formato Twenty20, una versión más rápida surgida en 2003. El críquet es un deporte de equipo originario de Inglaterra. Se practica en un campo ovalado con un área central rectangular llamada *pitch*, a cuyos dos extremos se encuentran los *wickets*, estructuras de tres palos verticales. Un equipo batea intentando anotar carreras golpeando la pelota con un bate, mientras el otro lanza la pelota y defiende los *wickets* para evitar que se anoten puntos. Los partidos suelen durar tres horas. Cada equipo está integrado por 11 jugadores, incluido el *wicketkeeper*, que se coloca detrás del bateador y atrapa las pelotas que el bateador no golpea. Los encargados de batear se quedan dentro hasta que son eliminados.

D. **Squash**

Para muchos, este deporte será un total desconocido. Es uno de los juegos de raqueta que existen, y se suele practicar en una pista rectangular delimitada por cuatro paredes. En la pista se sitúan dos jugadores. El objetivo es golpear la pelota contra la pared frontal, aunque debe botar en el piso antes de que pueda tocarla el rival. El ganador de la ronda suma un punto; cada juego se disputa a 11 puntos, según World Squash Federation (WSF); y el partido se lo lleva el mejor de cinco. Este deporte tiene su origen en Londres, concretamente en las cárceles de la ciudad, en el siglo XVIII. Un siglo después, los alumnos del internado masculino Harrow sustituyeron las pelotas duras por otras de caucho y huecas. Se acabó popularizando, lo que supuso que se dejara de jugar en cualquier pared y se crearan pistas específicas.

Adaptado de: https://www.infobae.com (España)

ENUNCIADOS

6. Ya participó anteriormente en Juegos Olímpicos, aunque no en modo competitivo.

A	B	C	D

7. En caso de empate vence quien antes marque durante el tiempo extra.

A	B	C	D

8. La pelota debe tocar el suelo antes de que el adversario pueda golpearla.

A	B	C	D

9. Se trata de una modalidad de otro deporte.

A	B	C	D

10. Se jugará una variante más moderna.

A	B	C	D

11. El tiempo en que se puede controlar la pelota es limitado.

A	B	C	D

TAREA 3

Lee el texto y rellena los huecos (12-22) con la opción correcta (a, b o c).

Más allá de las palabras: el poder de los gestos universales

Psicólogos y antropólogos debaten si la expresión de las emociones es innata o cultural. Lo _____ **12** _____ es que se puede afirmar que existen algunos gestos universales que vienen a comunicar lo mismo en todos los lugares del mundo. _____ **13** _____, la mayoría los compartimos con nuestros parientes primates.

Un crío aprendiendo a escribir las vocales. Un tenista profesional concentrado antes de sacar. Un músico a solas en su estudio intentando encontrar el próximo acorde para su nueva canción. Es muy probable que todos ellos _____ **14** _____ compartiendo un mismo gesto: el de sacar la punta de la lengua entre los labios, cerca de las comisuras. Con ese movimiento del rostro están mandando un mensaje: «Estoy plenamente concentrado en mi tarea, no me molestes».

_____ **15** _____ en otra situación. Dos individuos que no se han visto nunca antes se cruzan. Alguien los presenta. Automáticamente, ambos levantan el antebrazo derecho y se estrechan las manos, da igual dónde ocurra la escena. Que la humanidad entera se _____ **16** _____ así no es casual. Al alargar el brazo nos separamos del desconocido a una distancia de seguridad. Por otro lado, el gesto permite mostrar nuestras manos vacías para _____ **17** _____ muy claro que vamos desarmados. Pero incluso _____ **18** _____ tan precavidos, recibimos información clave sobre el otro. Concretamente, información química, por eso, después de un apretón de manos, _____ **19** _____ llevarnos la derecha a la nariz de forma inconsciente.

En el campo de fútbol, en la pista de _hockey_ y en la cancha de baloncesto se reconoce a los ganadores a la legua. Son esos que alzan los brazos y gritan. El gesto lleva implícito el deseo de demostrar superioridad e impresionar a los perdedores, para que no les _____ **20** _____ duda de que somos muy grandes.

Otro gesto universal es encoger los hombros para expresar desconcierto, desconocimiento, incertidumbre, confusión o resignación. Charles Darwin fue el primero en sospechar que no era un gesto aprendido _____ **21** _____ observarlo en una persona ciega y sorda de nacimiento.

Pasa también con el orgullo, que cuando lo sentimos vamos por ahí henchidos, sacando pecho como un gorila, incluso aunque nunca _____ **22** _____ a nadie hacerlo. Matsumoto lo demostró en un experimento con yudocas invidentes de nacimiento que, obviamente, jamás habían observado a otros deportistas vanagloriarse de su éxito.

Adaptado de https://muyinteresante.okdiario.com (España)

OPCIONES

12. a. verdad   b. cierto   c. importante

13. a. Es más   b. Por el contrario   c. Más bien

14. a. están   b. estén   c. han estado

15. a. Supongamos   b. Veamos   c. Pongámonos

16. a. salude   b. saluda   c. ha saludado

17. a. evidenciar   b. dejar   c. tener

18. a. siendo   b. ser   c. seamos

19. a. acostumbramos   b. habituamos   c. solemos

20. a. haya   b. quepa   c. dé

21. a. tras   b. después   c. luego

22. a. hayamos visto   b. veíamos   c. vimos

TAREA 4

Vas a leer un texto sobre las transformaciones en las dietas tradicionales mexicanas. Después, contesta a las preguntas (23-27), seleccionando la respuesta correcta (a, b o c).

TRANSFORMACIONES EN LAS DIETAS TRADICIONALES MEXICANAS DURANTE LAS ÚLTIMAS DÉCADAS

La domesticación de la planta del maíz, producida hace miles de años, repercutió a gran escala en las cocinas de México y el mundo: hoy en día la dieta de la gran mayoría de los mexicanos se fundamenta en su consumo y los más de 600 platillos preparados con este cereal. Sin embargo, el maíz no se cultivaba en solitario, sino de la mano de sus dos hermanas: el frijol y la calabaza. En algunas regiones de México y el mundo, las tres plantas aún son sembradas juntas y crecen en una sinergia vegetal que genera un beneficio en su crecimiento.

Además del cultivo del maíz y plantas asociadas, en muchas regiones de México hay parcelas donde se siembran distintos tipos de plantas comestibles, como una gran variedad de chiles y tubérculos. En ocasiones, estas parcelas cuentan con sistemas de riego que permiten cultivar plantas con mayor necesidad de agua, como las hortalizas. Asimismo, en los patios son cultivadas una gran variedad de plantas comestibles, aromáticas y medicinales que, junto con la producción en las parcelas, complementan la alimentación de las comunidades. Dependiendo del rendimiento productivo, algunas de estas plantas son destinadas a un mercado de alcance nacional.

Las dietas humanas son dinámicas y existen momentos históricos que pueden activar transformaciones sustanciales en la alimentación. Por ejemplo, durante los años cuarenta y cincuenta las autoridades mexicanas de la salud señalaron a la dieta tradicional como una de las causas de la pobreza y el atraso social, debido al bajo consumo de calorías y proteínas, así como a la falta de higiene en la preparación de alimentos. Esto dio lugar a políticas públicas que buscaron modificar los hábitos alimenticios de las clases populares, promoviendo una dieta más *moderna* y alineada con estándares internacionales.

Por otra parte, el Acuerdo General sobre Aranceles Aduaneros y Comercio, firmado por México en 1986, se tradujo en el retiro de subsidios e inversiones públicos para la agricultura mexicana, la privatización de actividades neurálgicas para la agricultura, y la comercialización de las tierras comunales, que antes de la reforma eran inalienables; lo anterior incrementó la migración de los campesinos hacia zonas urbanas del país, o incluso hacia los Estados Unidos, y ello dio paso, a su vez, a la expansión de la oferta y a la disponibilidad de alimentos procesados.

Asimismo, la entrada en vigor del Tratado de Libre Comercio de América del Norte fomentó el consumo de productos ultraprocesados, pues mediante poderosas tácticas comerciales se favoreció la introducción de productos industrializados y de bajo valor nutricional, lo cual modificó paulatinamente los hábitos alimenticios de la población. Todo lo anterior ha propiciado el incremento de enfermedades como la diabetes y la obesidad. En respuesta a esta crisis, se han implementado diversas acciones, como el etiquetado frontal de alimentos, el cual informa sobre el contenido de azúcares, grasas y sodio en los alimentos; campañas de educación nutricional, que buscan fomentar hábitos y estilos de vida más saludables; y la promoción de la dieta de la milpa, que resalta el valor nutricional y cultural de los alimentos locales.

Adaptado de https://www.tabledebates.org (México)

PREGUNTAS

23. La planta del maíz:
    a. Es la base de la alimentación mundial.
    b. Se suele cultivar conjuntamente con otras plantas.
    c. Crece mejor en algunas regiones de México.

24. En muchas regiones de México:
    a. Se cultivan diversas plantas para el autoconsumo.
    b. No se plantan hortalizas por falta de agua.
    c. Se consumen productos del mercado nacional.

25. En los años cuarenta y cincuenta:
    a. Se intentó cambiar la manera de comer de los mexicanos.
    b. Hubo una crisis económica y social en México.
    c. La dieta mexicana sufrió un descenso de calidad.

26. El Acuerdo General sobre Aranceles Aduaneros y Comercio:
    a. Empujó a muchos campesinos a producir alimentos procesados.
    b. Repartió las tierras comunales entre los campesinos.
    c. Provocó la suspensión del apoyo estatal a la agricultura.

27. El Tratado de Libre Comercio de América del Norte:
    a. Fomenta la veracidad de la información de las etiquetas de los alimentos.
    b. Ha contribuido a empeorar la salud pública en México.
    c. Busca promover la alimentación tradicional mexicana.

La salud, la alimentación y el deporte

Comprensión de lectura y uso de la lengua

TAREA 5

Vas a leer un texto del que se han extraído cinco párrafos. A continuación, lee los siete fragmentos propuestos (A-G) y decide en qué lugar del texto (28-32) hay que colocar cada uno. Hay dos fragmentos que no tienes que elegir.

UNA HABILIDAD HUMANA DESCONOCIDA DESAFÍA TODO LO QUE CREÍAMOS SOBRE LA PERCEPCIÓN

Durante siglos creímos tener cinco sentidos, pero un nuevo hallazgo científico acaba de ponerlo todo en duda. Investigadores británicos aseguran haber identificado un sexto sentido que permitiría *sentir sin tocar*. El hallazgo proviene de un estudio liderado por científicos de la Queen Mary University of London y la University College London. **28.** _____

Durante generaciones, la humanidad clasificó sus sentidos como cinco pilares básicos del conocimiento sensorial. Sin embargo, la ciencia acaba de desafiar esa idea. Los investigadores han detectado una capacidad insospechada en el ser humano: una forma de tacto que no requiere contacto directo. **29.** _____

La profesora Elisabetta Versace, una de las autoras del trabajo, lo explica así: «Es la primera vez que se estudia el tacto remoto en humanos, y cambia nuestra concepción del mundo perceptivo, lo que llamamos el campo receptivo». **30.** _____ Pero este descubrimiento sugiere que nuestra percepción podría ser mucho más compleja.

Los científicos pidieron a un grupo de voluntarios que introdujeran lentamente un dedo en un recipiente con arena y trataran de detectar un cubo enterrado, sin llegar a tocarlo. Los resultados fueron sorprendentes: los participantes lograron identificar la ubicación del objeto con un 70,7 % de acierto, un porcentaje muy superior al esperado por simple azar. El fenómeno, según los expertos, ocurre porque el movimiento del dedo genera pequeñas deformaciones en la arena, que se propagan en el entorno y permiten al cerebro anticipar la presencia de un cuerpo oculto. Aunque no se trata de sentir sin ningún tipo de contacto, el llamado «tacto remoto» redefine lo que entendemos por sensación táctil. **31.** _____ Este mecanismo amplía el concepto tradicional del tacto e introduce una nueva dimensión en la experiencia sensorial humana.

El descubrimiento abre una pregunta fascinante: ¿cuántos sentidos tenemos realmente? Si el tacto puede extenderse más allá del cuerpo, nuestra manera de percibir el mundo podría ser mucho más rica de lo que imaginábamos. La línea entre lo físico y lo perceptivo empieza a desdibujarse.

Las implicaciones prácticas del hallazgo son enormes. **32.** _____ Además, el estudio plantea la posibilidad de aplicar el concepto a dispositivos diseñados para personas con discapacidades sensoriales, permitiéndoles *sentir* su entorno de nuevas formas.

Adaptado de https//es.gizmodo.com

Preparación Diploma de Español Escolar (Nivel B2/C1)   112

FRAGMENTOS

A — Ya se tenía constancia de otro sentido, además de los cinco tradicionales: la conciencia corporal.

B — Se trata de una percepción indirecta o anticipatoria, en la que el cuerpo capta señales físicas antes de establecer contacto.

C — Según sus resultados, los humanos podrían poseer un sexto sentido capaz de detectar objetos ocultos sin necesidad de tocarlos físicamente.

D — Este nuevo conocimiento podría inspirar el desarrollo de sensores robóticos capaces de detectar objetos en condiciones extremas o de baja visibilidad.

E — Lo llaman el «tacto remoto», y sus implicaciones van mucho más allá de lo imaginable.

F — El equipo de investigación planea continuar analizando cómo varía esta capacidad entre individuos y en distintos materiales.

G — Hasta ahora, la idea de percibir algo sin contacto parecía exclusiva de los animales con habilidades sensoriales avanzadas.

Anota el tiempo que has tardado. Recuerda que solo tienes 75 minutos.

Preparación Diploma de Español Escolar (Nivel B2/C1)

45 minutos

Tiempo para las 4 tareas.
Tienes que responder
a 30 preguntas.

TAREA 1

33

Vas a escuchar a siete jóvenes que hablan de problemas de salud que han padecido en su vida. Los oirás dos veces. Selecciona el enunciado (A-K) que corresponde al tema del que habla cada persona (1-7). Hay once enunciados incluido el ejemplo: selecciona siete.

Es importante leer primero los enunciados: tienes 30 segundos.

ENUNCIADOS

A	Le costó cambiar sus hábitos de alimentación.
B	Es un problema hereditario.
C	Esta persona tuvo que ser hospitalizada.
D	Es posible que esta persona tenga que ser operada.
E	Ha tenido que renunciar a algo que le gusta mucho.
F	Sus planes se truncaron.
G	Suele perder el conocimiento.
H	Se considera responsable de su problema.
I	Tuvo secuelas posteriormente.
J	Tardaron en diagnosticarle la enfermedad.
K	Su problema puede afectar a sus estudios.

OPCIONES

0.	Persona 0	E
1.	Persona 1	
2.	Persona 2	
3.	Persona 3	
4.	Persona 4	
5.	Persona 5	
6.	Persona 6	
7.	Persona 7	

TAREA 2

34 🔊

Vas a escuchar una entrevista con Carlos Alcaraz, joven tenista español entre los primeros a nivel mundial. La oirás dos veces. Después, debes contestar a las preguntas (8-15), seleccionando la respuesta correcta (a, b o c).

Es importante leer primero las preguntas: tienes 60 segundos.

PREGUNTAS

8. Carlos Alcaraz afirma que sus padres:
   a. Están orgullosos de que sea una estrella.
   b. Lo animan a que siga viviendo en su pueblo.
   c. Lo educaron para no sentirse superior a nadie.

9. Carlos Alcaraz afirma que:
   a. Él piensa y actúa como otros tenistas.
   b. Es un orgullo saber que influye en otros jugadores.
   c. Jannik es un excelente jugador de otra generación.

10. Respecto a las críticas, Carlos Alcaraz dice que:
   a. Dependiendo de la situación, le afectan.
   b. No le importan si son merecidas.
   c. Solo le molestan si son de sus fans.

11. En cuanto a la presión, Carlos Alcaraz afirma que:
   a. Los grandes atletas no la sienten.
   b. El nivel de un jugador se mide por cómo la afronta.
   c. Solo le afecta la de su equipo y su familia.

12. Para relajarse, Carlos Alcaraz:
   a. Prefiere salir con los amigos.
   b. Hace las mismas cosas que cuando era niño.
   c. A veces practica otros deportes.

13. Respecto al ajedrez, Alcaraz dice que:
   a. Solo lo juega con su abuelo.
   b. Aunque le gusta jugar, a veces le resulta incómodo.
   c. Le ayuda a ser mejor estratega en la pista.

14. Respecto a los temas sociales, Carlos Alcaraz piensa:
   a. Que el deporte abre puertas para influir en estos temas.
   b. Hacer cosas al respecto en el futuro.
   c. Hacer algo relacionado con el deporte.

15. Las bandas que se pone en la nariz:
   a. Se las pone también en otras partes del cuerpo.
   b. Evitan que se ponga enfermo.
   c. Lo ayudan a competir en plenas condiciones.

Preparación Diploma de Español Escolar (Nivel B2/C1)

TAREA 3

35

Vas a escuchar un pódcast de una nutricionista mexicana. Lo oirás dos veces. De los doce enunciados que aparecen debajo (A-L), deberás elegir los siete (16-22) que corresponden al pódcast.

Es importante leer primero los enunciados: tienes 60 segundos.

ENUNCIADOS

A. La educación nutricional no sirve si se tiene fácil acceso a la comida basura.

B. La nueva ley prohíbe la venta de todos los productos con etiquetado, advirtiendo sobre sus peligros nutricionales.

C. Los padres no deberían dar dinero a los niños para que compren comida en el colegio.

D. Mucha gente dudaba de los beneficios de etiquetar los alimentos con información nutricional.

E. Las bebidas azucaradas eran más accesibles en la escuela que el agua.

F. Algunos se preocupan por la economía de quienes viven de vender este tipo de productos.

G. Los malos hábitos alimenticios ya existían en generaciones anteriores.

H. Todo el mundo sabe qué es la comida basura y sus consecuencias para la salud.

I. El programa *Vive Saludable, Vive Feliz* se centra exclusivamente en que los jóvenes coman y beban de una manera saludable.

J. La nueva ley no se circunscribe solo al interior de las instituciones educativas.

K. Los buenos hábitos de alimentación se aprenden en la familia, no en la escuela.

L. Hay que enseñar a los jóvenes a amar su cuerpo.

Marca solamente las siete opciones.

16-22	A	B	C	D	E	F	G	H	I	J	K	L

TAREA 4

Vas a escuchar cuatro conversaciones entre dos personas. Las oirás dos veces. Después, debes contestar a las preguntas (23-30) seleccionando la opción correcta (a, b o c).

Es importante leer primero las preguntas: tienes 40 segundos.

PREGUNTAS

Conversación 1   36 ◀))

23. La profesora piensa que el dolor de Marcos:
a. Está ocasionado por el frío.
b. Es por no calentar previamente.
c. Se debe a que está lesionado.

24. Marcos decide:
a. Consultar al traumatólogo.
b. No participar en la competición.
c. Hablar con sus padres.

Conversación 2   37 ◀))

25. La chica ha acudido al otorrino:
a. Porque la ha derivado el médico de cabecera.
b. Porque se lo ha recomendado una compañera.
c. Porque se lo han dicho en el instituto.

26. Por lo pronto, el médico:
a. Le receta unas medicinas para el vértigo.
b. Tiene que asegurarse de qué se trata.
c. Le dice que tiene que acudir a un fisioterapeuta.

Conversación 3   38 ◀))

27. Pablo no quiere preparar nada dulce porque:
a. Otros amigos se van a encargar.
b. No le gusta hacerlo.
c. Van a llevar fruta de postre.

28. El problema que ve la abuela es que:
a. No es un plato apropiado para el verano.
b. No tendrán los recipientes adecuados.
c. Va a ser difícil encontrar alguno de los ingredientes.

Conversación 4   39 ◀))

29. La chica piensa ir a la peluquería porque quiere:
a. Cambiar el color de su pelo.
b. Llevar el pelo corto.
c. Alisarse el pelo.

30. El padre piensa que la chica:
a. Está más guapa con el pelo recogido.
b. Parece mayor con el pelo suelto.
c. Debe dejarse aconsejar en la peluquería.

Anota el tiempo que has tardado. Recuerda que solo tienes 45 minutos.

PRUEBA 3

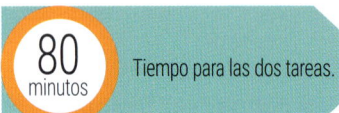

80 minutos   Tiempo para las dos tareas.

TAREA 1

En la asignatura de Educación en Valores se ha tratado el tema de la dismorfia corporal, es decir, la percepción alterada y negativa que una persona tiene de su propio cuerpo, y ha venido un experto al instituto para dar una charla. El/La tutor/-a os ha propuesto escribir una redacción sobre el tema.

Vas a escuchar una presentación sobre el uso de filtros fotográficos en las redes sociales y la dismorfia corporal. Toma notas para luego utilizarlas en tu texto.

40

Escribe una redacción en la que deberás:

- Introducir el tema.
- Resumir las ideas principales de la conferencia.
- Opinar sobre lo que ha dicho el experto.
- Comentar si conoces a alguien que sufra ese problema.

Número de palabras: entre 150 y 180.

Ayudas para esta tarea

Para tomar notas mientras escuchas:
- Anota ideas principales, no frases enteras.
- Puedes usar abreviaturas o símbolos: ej. (ejemplo); tb. (también); + (más); = (igual).
- Identifica los marcadores, tales como *en primer lugar*; *por otro lado*; *para concluir*, etc.
- Identifica conectores de causa, oposición, etc.

Para introducir el tema:
- *Es normal que a la gente le preocupe su imagen.*
- *Está claro que las redes sociales moldean nuestra percepción del cuerpo.*

Para referirte a lo que has escuchado:
- *Me ha parecido especialmente interesante lo que ha dicho el psicólogo sobre…*
- *Como bien ha dicho el experto…*

Para expresar la opinión:
- *En mi opinión, se debería normalizar la naturalidad en las fotos que colgamos.*
- *Para mí, lo fundamental es aprender a aceptarse a uno mismo.*
- *No entiendo que haya gente que nunca suba fotos sin retocar.*

Para hablar de tu experiencia personal con el tema:
- *Tengo varios amigos que utilizan constantemente los filtros.*
- *Yo, personalmente, prefiero las fotos naturales.*
- *Considero que…*

TAREA 2

Opción 1

Con ocasión del Día Mundial de la Salud, en tu instituto han convocado un concurso de redacción sobre el tema de los hábitos de vida saludables. Para ayudaros, os han dado esta infografía. Escribe un ensayo para presentarte al concurso, en el que deberás:

- ■ Hacer una introducción al tema.
- ■ Comentar los datos de la infografía y dar tu valoración.
- ■ Hablar de tus hábitos de vida y si crees que son saludables.

Número de palabras: entre 180 y 220.

HÁBITOS DE VIDA SALUDABLES

1 Comer más fruta y verdura

2 Beber agua para acompañar las comidas

3 Reducir el consumo de azúcares y edulcorantes añadidos

4 Disminuir la cantidad de sal en las comidas y añadir especias

5 Comer menos y mejor

6 Hacer ejercicio

7 Dormir unas 8 horas

8 Aprender a controlar nuestras emociones

Adaptado de https://nutrisalex.wordpress.com

Preparación Diploma de Español Escolar (Nivel B2/C1)

Expresión, mediación e interacción escritas

Ayudas para esta tarea

Introducir el tema:
- *Nuestros hábitos diarios influirán directamente en nuestra salud y bienestar a lo largo de la vida.*
- *Nuestros hábitos diarios, como la alimentación, el descanso o la actividad física, tienen un papel fundamental en nuestra salud.*

Organizar el discurso:
- *En cuanto a / Respecto a la alimentación, hay que llevar una dieta variada.*
- *Por otro lado, dormir suficientes horas es fundamental.*
- *Para terminar, quiero resaltar la importancia de la educación en este tema.*

Expresar la opinión:
- *(Yo) pienso que en la actualidad mucha gente no lleva una vida sana.*
- *A mi modo de ver, los buenos hábitos se aprenden en la infancia.*
- *En mi opinión, nunca es tarde para cambiar los hábitos de vida.*

Valorar:
- *Es interesante que las autoridades fomenten la vida sana.*
- *Es terrible que la comida actualmente sea tan poco natural.*
- *Me parece esencial que se adquieran buenos hábitos desde la juventud.*

Hablar de tus hábitos de salud:
- *Por mi parte, creo que llevo una vida bastante sana.*
- *Personalmente, creo que debería practicar más deporte.*

Expresión, mediación e interacción escritas

Opción 2

Este año has empezado a utilizar el comedor del instituto. Has notado que el menú incluye pocas frutas y verduras y, en general, te parece poco sano. Escribe una carta con sugerencias para mejorar el menú. En la carta deberás:

- Poner el lugar y la fecha.
- Presentarte y explicar desde cuándo utilizas el comedor escolar.
- Expresar el motivo de la carta: dar ideas para mejorar la oferta del comedor.
- Exponer los motivos por los que piensas que el menú no es sano.
- Sugerir cambios para mejorar su calidad.

Número de palabras: entre 180 y 220.

INSTITUTO LAS COLINAS
Comedor - Menú

Lunes	Martes	Miércoles	Jueves	Viernes
Macarrones con tomate. Hamburguesa con patatas fritas. Flan.	Canelones al horno. Filete de ternera con ensalada. Natillas.	Ensalada de arroz. Merluza en salsa verde. Plátano.	Lasaña de carne. Filete con guisantes. Macedonia de frutas.	Puré de zanahoria. Albóndigas con salsa. Arroz con leche.

Ayudas para redactar una carta

Lugar y fecha:
• *La Palma, 31 de enero de (año)*

Encabezamiento:
• *Estimados/as señores/as, o Estimado Sr. + apellido / Estimada Sra. + apellido*

Presentarte:
• *Soy estudiante de (curso) y soy usuario del comedor escolar desde (+ fecha) o desde hace (+ cantidad de tiempo).*

Motivo de la carta:
• *Les escribo porque he observado que el menú del comedor… La razón/El motivo por la/el que les escribo es comentarles que…*

Exponer tus sugerencias:
• *Creo que sería una buena idea incluir en el menú…; Sería interesante cambiar algunas cosas en el menú: sustituir las patatas por verduras, incluir más pescado y menos carne, y más fruta y menos postres muy dulces.*

25 minutos — Tiempo para las cuatro tareas. Esta prueba se realiza en parejas de candidatos

Tiempo para la preparación **20** minutos

TAREA 1

EXPOSICIÓN ORAL SOBRE UN TEMA

Debes elegir un texto y realizar una exposición oral durante dos o tres minutos sobre el texto que has preparado. Durante la exposición puedes mirar tus notas, pero no leerlas.

Mientras un/-a candidato/a realiza su exposición, el/la otro/a escucha con atención para formularle una pregunta al empezar la Tarea 2.

En tu exposición debes:
- Resumir los puntos principales del texto.
- Expresar tu opinión sobre el tema.

Hábitos higiénicos en el mundo

Podríamos pensar que todos los países del mundo tienen más o menos las mismas costumbres de higiene personal. Al menos, sería razonable que estos hábitos fueran parecidos en los países pertenecientes a regiones socioeconómicas similares. Pues resulta que no. En base a las respuestas de 6600 encuestados, el país europeo que más se ducha a diario es España, por delante de Francia, Alemania y Reino Unido.

Un informe de la empresa de investigación de mercados Euromonitor confirma que la mayoría de los ciudadanos del mundo prefiere ducharse antes que bañarse, por falta de tiempo y para ahorrar agua. El 75,3 % de los consultados asegura ponerse bajo la alcachofa acuática todos los días. Los países participantes en el estudio son: Alemania, Australia, Brasil, China, Colombia, EE. UU., España, Francia, India, Indonesia, Japón, México, Oriente Próximo, Reino Unido, Rusia y Turquía.

Según esta investigación, el top 5 de países más aficionados a la ducha lo forman Colombia, Brasil, México, Australia y España, que encabeza la lista de países europeos. Por detrás quedan Oriente Próximo, Francia, India, Estados Unidos e Indonesia, pero las costumbres de limpieza individual varían en cuanto a considerar la ducha como única práctica higiénica posible. En India la ducha y la bañera se frecuentan por igual, mientras que en Indonesia el principal método de aseo diario es el lavado con esponja, aunque sin inmersión total ni bajo el chorro de una ducha.

Del informe se desprende, además, que solo un 0,3 % de la población española reconoce ducharse ocasionalmente, cifra que asciende al 5,8 % en el caso de los británicos y al 11,6 % de los japoneses. Por edades, los españoles de entre 15 y 29 años son los que más se duchan a diario (79,4 %), frente al 74,4 % de la franja entre los 45 y 59 años. Entre la población joven, los chicos se duchan más a diario (84 %), mientras que un 76,3 % de chicas dice hacerlo. Entre los adultos, también los hombres se duchan con mayor frecuencia todos los días, un 75 %, frente a un 74 % de mujeres.

De este estudio Euromonitor podría extraerse la idea de que la higiene es un asunto local o individual, cuando, de hecho, UNICEF la considera un desafío global. No en vano constituye una práctica imprescindible para detener la transmisión de enfermedades infecciosas. La higiene no es un hábito que se pueda realizar siempre de modo voluntario, ya que cuesta dinero. El término *pobreza higiénica* define la incapacidad para asumir el coste de productos como el champú, la pasta de dientes, el desodorante y el jabón. En el mundo hay millones de personas privadas de los estándares de higiene que se consideran normales en Occidente.

https://www.revistalimpiezas.es

Ayudas para la exposición oral

Consejos para hacer un buen resumen:
• Lee el texto e identifica las ideas clave (puedes subrayarlas), eliminando los detalles irrelevantes.
• Haz un esquema con la información principal del texto, manteniendo el orden, pero usando tus propias palabras. Recuerda que luego, no vas a poder leer lo que hayas escrito, sino apoyarte en ello para contarle oralmente al/a la examinador/-a el resumen.
• El resumen debe ser breve y claro.

Expresar la opinión:
• *(Yo) coincido con la opinión de que en general la ducha es mejor que el baño.*
• *Está claro que en gran medida depende del tiempo que haga y de la actividad física de cada uno...*
• *Personalmente, no creo que haya una frecuencia ideal para ducharse.*

Expresar la experiencia personal:
• *Personalmente, prefiero ducharme por la noche.*
• *En mi caso, me suelo duchar todos los días.*

La salud, la alimentación y el deporte

Expresión, mediación e interacción orales

TAREA 2

ENTREVISTA SOBRE EL TEMA DE LA EXPOSICIÓN

Ahora tu compañero/a te va a formular una pregunta y, luego, el/la examinador/-a te hará una pequeña entrevista relacionada con el tema de la Tarea 1. Debes responder a las preguntas y justificar tus opiniones. Dispones de dos minutos.

Para preguntar al/a la compañero/a sobre su intervención puedes usar estas estructuras:

- *No estoy seguro/a de haber entendido lo que has dicho acerca de…*
- *Si no he entendido mal, tú piensas que…*

Para contestar a la pregunta de tu compañero/a, puedes utilizar:

- *No me he explicado bien. Lo que yo quiero decir es…*
- *Sí, eso es lo que pienso.*

Estas son las preguntas que el/la examinador/-a puede hacerte en la entrevista.

Tu entorno y tú

- **Tus costumbres respecto a la higiene personal:** *En general, ¿prefieres ducharte o bañarte? ¿Con qué frecuencia lo haces? ¿Por la mañana o por la noche? ¿Cuántas veces te lavas el pelo a la semana?*
- **Tu familia:** *¿Hasta qué edad tus padres controlaron tu higiene? ¿De qué modo?*
- **Tu entorno escolar y social:** *¿Se trata el tema de la higiene personal en tu instituto? ¿Alguna vez os han dado charlas o talleres sobre el tema?*

Reflexión y ampliación sobre el tema
- **Importancia de la higiene en la salud:** *¿De qué modo crees que puede afectar la higiene a la salud?*
- **Precio de los productos higiénicos:** *¿Crees que los productos higiénicos deberían ser más baratos o incluso estar subvencionados?*
- **Higiene y cultura:** *¿Crees que las costumbres respecto a la higiene son algo cultural o solamente prácticas necesarias?*

TAREA 3

EXPERIENCIA PERSONAL O ANÉCDOTA SOBRE ESTE TEMA

Vas a contar una anécdota relacionada con un choque cultural que has tenido alguna vez respecto a los hábitos higiénicos de otra persona. Dispones de un minuto y medio. Durante la exposición puedes mirar tus notas, pero no leerlas.

- ¿Quién era esa persona? - ¿Dónde estabais?
- ¿Qué pasó? - ¿Cómo te sentiste?

TAREA 4

CONVERSACIÓN INFORMAL ENTRE CANDIDATOS

El/La examinador/-a elegirá una lámina que os entregará a los/las candidatos/as. Tenéis un minuto para leerla y, luego, vais a conversar durante 5 o 6 minutos para tomar una decisión entre los/las dos que cumpla con los criterios marcados.

La Consejería de Educación quiere hacer una campaña para fomentar el deporte y la actividad física entre los/las jóvenes y ha hecho un concurso entre los/las estudiantes de secundaria para encontrar un buen eslogan. Tu compañero/a y tú queréis presentaros y proponéis estos cuatro eslóganes. Debéis elegir uno de ellos:

- Que sea claro y fácil de entender, con un lenguaje cercano a los/las jóvenes.
- Que apele a las emociones y sea fácil de recordar.

> *Muévete hoy, gana salud mañana.*

> *El deporte no quita tiempo, te lo devuelve.*

> *Cuidar tu cuerpo también es quererte.*

> *¡No importa cómo empieces, importa que empieces!*

Mira las propuestas y considera con tu compañero/a las ventajas y desventajas de cada una, para tomar una decisión juntos/as. Se trata de una conversación abierta, así que puedes interrumpir, discrepar, pedir o dar aclaraciones, argumentar tus opiniones y rebatir las de tu compañero/a.

Ayudas para la prueba oral

El debate:
- Preguntar la opinión del/de la otro/a: *¿No te parece que este eslogan es más llamativo? ¿Crees que este eslogan es impactante? ¿Consideras que los/las jóvenes se van a identificar con este mensaje? ¿Qué piensas/opinas tú de este eslogan/lema?*

Expresar acuerdo y desacuerdo:
- *Estoy (de acuerdo) contigo en que esta frase suena mejor.*
- *Yo no lo veo como tú. Me parece que este lema es...*
- *A mí tampoco me parece que ese eslogan sea pegadizo/impactante.*

Interrumpir:
- *Perdona que te interrumpa, pero...*
- *Siento interrumpirte, pero...*

Preparación Diploma de Español Escolar (Nivel B2/C1)

La ciencia, la tecnología y los medios de comunicación

VOCABULARIO
FICHA DE AYUDA PARA LA EXPRESIÓN E INTERACCIÓN ORAL Y ESCRITA

Ficha de ayuda

CIENCIA, MATEMÁTICAS Y TECNOLOGÍA

avance científico ....

avance tecnológico ....

científicamente ....

cifra ....

confirmar una hipótesis ....

decimal ....

demostrar ....

desarrollar una técnica ....

disciplina ....

efectuar un cálculo ....

empíricamente ....

especie ....

evolucionar ....

extinguirse ....

número impar ....

número par ....

objeto de análisis ....

objeto de estudio ....

plantear una hipótesis ....

tecnología punta ....

INFORMACIÓN/COMUNICACIÓN

acallar ....

comunicado ....

declaración ....

estar al tanto de ....

facilitar ....

fiable ....

información de primera mano ....

noticia de última hora ....

notificación ....

rumor ....

INFORMÁTICA, NUEVAS TECNOLOGÍAS Y REDES SOCIALES

antivirus ....

archivar ....

arrastrar ....

configurar ....

cursor ....

enlace ....

escritorio ....

grabar un archivo ....

instalar ....

internauta ....

llave USB ....

manejar ....

monitor ....

pantalla ....

pinchar ....

pirata (informático) ....

programar ....

proveedor de acceso ....

proveedor de conexión ....

ratón ....

salvapantallas ....

servidor ....

teclado ....

videoconferencia ....

VERBOS

comprobar ....

desmentir ....

desvelar ....

difundir ....

emitir ....

hacer circular ....

hacerse eco ....

manipular ....

perderse ....

titular ....

transmitir ....

zapear ....

TELEVISIÓN, RADIO Y PRENSA ESCRITA

artículo de fondo ....

artículo de opinión ....

carta al/a la director/-a ....

conmovedor/-a ....

corresponsal ....

crítica ....

crónica ....

cuota de audiencia ....

dar una rueda de prensa ....

declaraciones ....

desgarrador/-a ....

editor/-a ....

emisión ....

emitir ....

enviado/a especial ....

espacio publicitario ....

hojear ....

impactante ....

índice de audiencia ....

informativos ....

leer entre líneas ....

para todos los públicos ....

parte meteorológico ....

pie de foto ....

prensa amarilla ....

prensa del corazón ....

prensa rosa ....

primicia ....

récord de audiencia ....

redactor/-a (jefe/a) ....

retransmitir ....

telediario ....

televisar ....

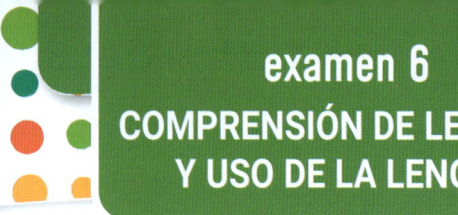

examen 6
COMPRENSIÓN DE LECTURA Y USO DE LA LENGUA

 **PRUEBA 1**

 Descripción de la prueba 1

La prueba 1, **Comprensión de lectura y uso de la lengua**, consiste en 5 tareas. Su duración total es de 75 minutos. Los textos de lectura son textos complejos auténticos, del ámbito **público o educativo,** e incluyen **tres variedades geográficas del español.**
Con un total de **32 preguntas**, los ítems son de respuesta preseleccionada (selección múltiple, correspondencias, reconstruir textos y rellenar huecos).

Recomendaciones para toda la prueba

- Cuentas con setenta y cinco minutos para los cinco textos, es tu responsabilidad organizar bien el tiempo para no dejar ninguna tarea sin hacer.
- Empieza por las tareas que te resulten más fáciles y deja las más difíciles para el final.
- Antes de empezar con el texto, lee despacio para entender bien las preguntas.
- No te bloquees con las palabras que no conoces, intenta deducir por el contexto. Ten en cuenta que algunos textos son de diferentes variedades del español, así que puede haber vocabulario con el que no estés familiarizado/a.
- Si no puedes contestar a una pregunta, pasa a la siguiente.
- Aunque no estés completamente seguro/a, responde a todas las preguntas, ya que no se penalizan las respuestas incorrectas.

Descripción de la tarea 1

- En esta tarea se evalúa la capacidad para comprender las ideas esenciales y la información específica en textos informativos complejos.
- Consiste en leer un texto y contestar cinco preguntas de selección múltiple con tres opciones de respuesta cada una.
- Los textos, de una extensión de entre 350 y 400 palabras, son de tipo divulgativo del ámbito público o educativo, de distinta tipología: artículos periodísticos, páginas web, guías de viajes, biografías...
- Es muy importante leer detenidamente los enunciados para buscar los sinónimos o lo que se parafrasea en las opciones de respuesta. Hay que comprobar que toda la información de la opción de respuesta sea correcta y no solo una parte.
- Suele haber una pregunta por cada párrafo del texto, así que lee con atención cada párrafo e intenta identificar las ideas que expresa.
- Presta atención a los conectores de causa, consecuencia, contraste, etc.
- Cuidado con las respuestas que, aunque contienen palabras del texto, cambian el sentido.
- No te dejes llevar por tus conocimientos previos sobre el tema.

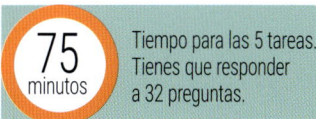

75 minutos Tiempo para las 5 tareas. Tienes que responder a 32 preguntas.

TAREA 1

Vas a leer un texto sobre cómo ha cambiado nuestra manera de comunicarnos. Después, debes contestar a las preguntas (1- 5), seleccionando la respuesta correcta (a, b o c).

De los SMS al TikTok: un repaso a cómo ha cambiado nuestra forma de comunicarnos en apenas 20 años

A principios de los años 2000, enviar un SMS era todo un acontecimiento. El espacio era limitado, el teclado numérico obligaba a teclear varias veces la misma tecla para escribir una letra y cada mensaje costaba dinero. Más que un simple canal, los SMS fueron la primera puerta de entrada a la comunicación instantánea y portátil. Supusieron independencia de la llamada telefónica y dieron inicio a una nueva manera de relacionarnos: breve, directa y asincrónica.

El salto siguiente vino de la mano de Internet. Plataformas como MSN Messenger o Yahoo Messenger irrumpieron en la adolescencia de millones de personas. Ya no había límites de caracteres ni coste por mensaje. Las conversaciones eran fluidas, acompañadas de zumbidos, emoticonos y estados que comunicaban nuestro ánimo. Messenger inauguró la lógica de la presencia digital: ver quién estaba conectado, esperar a que esa persona especial apareciera en verde y quedarse horas frente a la pantalla para no perder la oportunidad de charlar. Fue también el preludio de algo que se haría habitual en redes sociales: compartir lo que pensamos, lo que escuchamos y lo que sentimos en tiempo real.

Los *smartphones* cambiaron las reglas del juego. WhatsApp se convirtió en el verdadero sustituto de los SMS. Los mensajes dejaron de tener coste por unidad y se volvieron ilimitados. Pronto se sumaron las fotos, los audios y los grupos, que transformaron no solo la comunicación personal, sino también la familiar y social. El famoso doble *check* marcó un antes y un después en la gestión de la inmediatez. El «me ha dejado en leído» se convirtió en una nueva fuente de ansiedad digital, un reflejo de cómo la tecnología impacta en la psicología de las relaciones humanas.

Al mismo tiempo surgieron las grandes redes sociales, que transformaron la comunicación pública. Facebook permitió compartir estados, fotos y enlaces. Twitter introdujo la inmediatez de la opinión en 140 caracteres. Instagram añadió el componente estético. Y entonces llegó TikTok. Aunque Snapchat y las *stories* de Instagram ya habían explorado la comunicación efímera y rápida, TikTok llevó el formato de vídeo corto a otra dimensión. Esta plataforma cambió cómo nos comunicamos: nos expresamos bailando, imitando audios, creando memes visuales y participando en tendencias globales.

Este recorrido no solo refleja un cambio tecnológico, sino también lingüístico y cultural. La economía del lenguaje de los SMS derivó en abreviaturas que aún persisten. Con WhatsApp y las redes sociales, surgió una ortografía más relajada y la incorporación de emojis como parte del discurso. Hoy, los *gifs*, *stickers* y vídeos forman parte del lenguaje diario, hasta el punto de sustituir palabras. A nivel de hábitos, la comunicación ha pasado de ser ocasional y planificada (esperar a llegar a casa para conectar el Messenger, escribir un SMS en un momento concreto) a ser constante e inmediata. Vivimos en una cultura de conexión permanente, donde el silencio o la falta de respuesta también comunican.

Adaptado de https://clubinfluencers.com (España)

Preparación Diploma de Español Escolar (Nivel B2/C1)

Comprensión de lectura y uso de la lengua

PREGUNTAS

1. A principios del siglo XXI:
   a. Comunicarse a través de SMS era algo excepcional.
   b. Era más caro mandar un SMS que llamar por teléfono.
   c. La gente seguía prefiriendo la comunicación telefónica.

2. Una de las características de MSN Messenger y Yahoo Messenger es que:
   a. Eran utilizados tan solo por los adolescentes.
   b. Había que esperar mucho para conectarse.
   c. Fue el inicio de una práctica común en las redes sociales.

3. Con su aparición, WhatsApp:
   a. Desbancó a los SMS.
   b. Transformó a la familia y la sociedad.
   c. Cambió la psicología humana.

4. Dentro de las redes sociales, TikTok:
   a. Fue pionera en cuanto a comunicación efímera y rápida.
   b. Cambió el formato de los vídeos.
   c. Usa recursos de comunicación no verbales.

5. WhatsApp y las redes sociales han provocado que:
   a. Se escriba con menos corrección.
   b. Hayan cambiado algunas palabras.
   c. La gente se comunique menos.

Pistas

1-A. A principios del siglo XXI comunicarse a través de SMS era algo excepcional.
A principios de los años 2000, enviar un SMS era todo un acontecimiento.
No es B: El texto afirma que cada mensaje costaba dinero, pero no compara el precio de los mensajes con el de las llamadas telefónicas.
No es C: Aunque no se dice de manera explícita, por el contrario, se entiende que la gente empezó a preferir comunicarse por SMS en vez de por teléfono.

2-C. Una de las características de MSN Messenger y Yahoo Messenger es que fue el inicio de una práctica común en las redes sociales.
Messenger inauguró la lógica de la presencia digital… Fue también el preludio de algo que se haría habitual en redes sociales…
No es A: En ningún momento se afirma que estas plataformas fueran usadas solo por adolescentes. Lo único que se afirma es que estas plataformas irrumpieron, es decir, empezaron a formar parte de la vida de muchos adolescentes.
No es B: No había que esperar para conectarse; lo que esperaban los usuarios era que las personas con quienes querían charlar se conectaran.

Pistas

3-A. Con su aparición, WhatsApp desbancó a los SMS.
WhatsApp se convirtió en el verdadero sustituto de los SMS.
No es B: No transformó a la familia y la sociedad, sino la manera de comunicarse en estos ámbitos.
No es C: Lo que se menciona en el texto es el impacto de la tecnología en la psicología humana, no se afirma que esta haya cambiado.

4-C. Dentro de las redes sociales, TikTok usa recursos de comunicación no verbales.
... nos expresamos bailando, imitando audios, creando memes visuales y participando en tendencias globales.
No es A: El texto afirma que Snapchat y las *stories* de Instagram ya habían explorado la comunicación efímera y rápida.
No es B: La frase *TikTok llevó el formato de vídeo corto a otra dimensión* significa que lo popularizó, no que cambió el formato, que es un término técnico.

5-A. WhatsApp y las redes sociales han provocado que se escriba con menos corrección.
... surgió una ortografía más relajada
No es B: lo que dice el texto es que algunas palabras son sustituidas por emojis.
No es C: Por el contrario, se afirma que la comunicación ha pasado de ser ocasional (...) a ser constante.

Descripción de la tarea 2

- Esta tarea consiste en leer cuatro textos sobre el mismo tema y relacionarlos con seis enunciados breves.
- En esta tarea se evalúa la capacidad del candidato para localizar información específica y relevante e inferir actitudes o valoraciones del autor.
- Los textos tienen cada uno una extensión de entre 130 y 150 palabras, son del ámbito público o educativo y contienen puntos de vista, comentarios y opiniones (reseñas, entradas de blog, sinopsis, etc.).
- Empieza leyendo los enunciados y subraya palabras clave. Posteriormente, pasa a leer los textos. No busques palabras idénticas, sino ideas.

TAREA 2

Vas a leer cuatro entradas de una plataforma de Internet en la que varios jóvenes hablan de sus redes sociales favoritas. Relaciona los enunciados (6-11) con los textos (A, B, C o D).

Recuerda: hay textos que deben ser elegidos más de una vez.

A. Dena

Pues Quora... la uso desde hace nada y, sinceramente, se está ganando un buen lugar en mi corazón. No solo porque es bastante simple y fácil de usar, o porque me encanta la idea de que los demás respondan a mis preguntas y que yo pueda responderles a ellos, sino también porque nunca vi una comunidad tan respetuosa, educada y con los pies en la tierra. De verdad, me encanta la gente que participa en este sitio, y esa es la principal razón por la que decidí quedarme y ser más activa: cuando hacés una pregunta, generalmente a la hora tenés algunas respuestas muy útiles y largas, es decir, que la gente se toma su tiempo y eso me parece fantástico, principalmente porque yo también lo hago y denota la solidaridad de los demás y las ganas de ayudar. También hay preguntas de otras personas muy interesantes: además de todo lo demás, en este lugar aprendo.

B. Mario

Para mí, Instagram es la que más se adapta a mis necesidades. Es la red favorita de muchos *millennials* (los que ahora mismo mueven más dinero). Si tienes algo que vender o una marca que construir, estar aquí ya no es opcional, pero ojo: no basta con subir fotos bonitas. Instagram funciona con algoritmos que deciden qué se ve y qué no, así que, si quieres crecer y volverte visible, necesitas estrategia. Yo lo veo como alquilar un local en un centro comercial, pero en versión inteligente. Antes pagabas un dineral y entraba todo tipo de gente, aunque solo unos pocos fueran a comprar. Aquí, en cambio, tu contenido puede llegar directamente a las personas que de verdad están interesadas en lo que haces, y con una inversión mucho más pequeña en publicidad. Si quieres tomártelo en serio, fórmate: entender los algoritmos, planificar tu *feed*, usar bien *hashtags* y *reels* marca la diferencia.

C. Juan

Considero que la mejor red social es actualmente X (la que antes se conocía como Twitter), ya que permite informarse leyendo las últimas noticias o viendo qué eventos o temas se están discutiendo; comunicarnos con familiares, amigos y conocidos; así como seguir a las celebridades o marcas que nos interesan. Es una mina para disponer de información actualizada al instante. Si bien puede aducirse que Facebook permite también todas estas cosas, la interfaz de Facebook está demasiado llena de otras distracciones y funcionalidades que me parecen redundantes o simplemente inútiles. La interfaz de Twitter, en cambio, es simple y fácil de navegar; es menos visual. Lo más importante e ingenioso es el contenido de las respuestas y me encanta que te obliguen a organizar un comentario o exponer una idea en muy pocos caracteres.

D. Lola

Si tuviera que elegir, diría que mi red favorita es YouTube. Para mí es la reina del vídeo: siempre hay contenido interesante, ya sea para aprender o simplemente pasar el rato. Sí, muchas cosas están en inglés y eso a veces molesta, pero, aun así, merece la pena. Me gusta que esté añadiendo funciones más sociales, aunque lo que de verdad importa siguen siendo los vídeos. Además, es como un buscador gigante donde encuentras casi de todo. También uso Twitter o Instagram, pero al final me canso más rápido. Con YouTube, no tanto. No me gustan los directos ni que la plataforma se quede con gran parte de las ganancias o que te bloqueen el vídeo a la mínima, pero aun así es donde siento una conexión más real entre quien crea contenido y quien lo ve.

Adaptado de https//es.quora.com.

ENUNCIADOS

6. Piensa que para sacar partido a esta red social hay que aprender a usarla.

A	B	C	D

7. Le atrae el tipo de usuario de esta red social.

A	B	C	D

8. La prefiere por su claridad y manejo intuitivo frente a otras plataformas.

A	B	C	D

9. Considera que esta red social sanciona con mucha facilidad.

A	B	C	D

10. Ha empezado a utilizar esa red recientemente.

A	B	C	D

11. Le interesa su potencial para llegar a posibles clientes.

A	B	C	D

Pistas

6-B. Piensa que para sacar partido a esta red social hay que aprender a usarla. Mario afirma: *no basta con subir fotos bonitas (...), necesitas estrategia (...), si quieres tomártelo en serio, fórmate.*

7-A. Le atrae el tipo de usuario de esta red social. Dena dice: *nunca vi una comunidad tan respetuosa, educada y con los pies en la tierra; de verdad, me encanta la gente que participa en este sitio; la gente se toma su tiempo y eso me parece fantástico.*

8-C. La prefiere por su claridad y manejo intuitivo frente a otras plataformas. Juan dice: *la interfaz de Facebook está demasiado llena de otras distracciones y funcionalidades que me parecen redundantes o simplemente inútiles; la interfaz de Twitter, en cambio, es simple y fácil de navegar.*

9-D. Considera que esta red social sanciona con mucha facilidad. Lola dice que no le gusta que *te bloqueen el vídeo a la mínima.*

10-A. Ha empezado a utilizar esa red recientemente. Dena afirma: *la uso desde hace nada.*

11-B. Le interesa su potencial para llegar a posibles clientes. Mario asegura: *si tienes algo que vender o una marca que construir, estar aquí ya no es opcional; tu contenido puede llegar directamente a las personas que de verdad están interesadas en lo que haces.*

La ciencia, la tecnología y los medios de comunicación

Comprensión de lectura y uso de la lengua

Descripción de la tarea 3

- En esta tarea se evalúa la capacidad de identificar las **estructuras gramaticales**, el **léxico** y los **mecanismos de cohesión** adecuados en textos con un repertorio lingüístico complejo.
- Consiste en leer un texto literario o informativo y completar 11 huecos eligiendo una de las tres opciones disponibles para cada uno.
- Los textos son de tipo **divulgativo**, del **ámbito público** o **educativo** (relato, ensayo, artículo periodístico, reportaje, texto académico, normas e instrucciones, bases de convocatoria, etc.), y son de una extensión de 350-400 palabras.
- Haz una lectura global antes de centrarte en los huecos, para saber de qué trata.
- Identifica qué tipo de palabra falta en cada hueco. ¿Se trata de un verbo, un conector, una preposición...?
- No mires solo la frase: mira el párrafo. A veces necesitas la frase anterior, la posterior o incluso el tema global.

TAREA 3

Lee el texto y rellena los huecos (12-22) con la opción correcta (a, b o c).

Cómo será el ser humano dentro de 50 000 años según la ciencia

50 000 años parecen eternos, pero, en términos evolutivos, son apenas un parpadeo. Sin embargo, la ciencia sugiere que, incluso en este tiempo relativamente corto, podrían ocurrir cambios _____ **12** _____ en la especie. Una mezcla de factores naturales, sociales y tecnológicos están moldeando el futuro de la humanidad de forma fascinante.

La evolución no se ha detenido. Aunque hoy contamos con _____ **13** _____, como la medicina moderna y la tecnología, que minimizan las amenazas a la supervivencia, los mecanismos evolutivos siguen en marcha, ahora enfocados en la reproducción y en la adaptación a un entorno cultural y globalizado. Los expertos apuntan que, _____ **14** _____ los cambios no serán dramáticos, nuestras características físicas y genéticas podrían evolucionar significativamente.

La humanidad enfrenta un futuro donde lo natural y lo artificial podrían entrelazarse más que nunca. Uno de los cambios más probables _____ **15** _____ la disminución de las diferencias genéticas entre grupos humanos. Este fenómeno refleja las tendencias actuales, donde las migraciones y la globalización están desdibujando las barreras entre poblaciones.

La selección sexual también desempeña un papel. Nick Longrich, de la Universidad de Bath, _____ **16** _____ que características como la estatura y el atractivo físico podrían volverse más prominentes debido a las preferencias en las parejas. _____ **17** _____, Longrich destacó que podrían surgir subpoblaciones con direcciones evolutivas distintas dependiendo de las presiones locales. La globalización generará homogeneidad en algunos aspectos, pero no toda la humanidad evolucionará del mismo modo.

Uno de los cambios más intrigantes podría venir _____ **18** _____ de la biotecnología. Tecnologías como CRISPR ya permiten editar genes. Thomas Mailund, profesor de la Universidad de Aarhus, afirma: «En los próximos 100 años perfeccionaremos estas tecnologías. Las barreras actuales son más éticas que técnicas, pero no podemos esperar que esto se _____ **19** _____ así para siempre». En un plazo de 50 000 años, es razonable pensar que los humanos podrían modificar su apariencia y características de forma tan flexible _____ **20** _____ hoy cambiamos de estilo de ropa.

_____ **21** _____ el progreso genético y tecnológico prometa avances impresionantes, no debemos esperar cambios radicales en nuestra anatomía. «Dramáticos ajustes, como el crecimiento de alas o branquias, tomarían millones de años», aseguró Mailund.

La humanidad dentro de 50 000 años será el resultado de una compleja interacción entre biología, cultura y tecnología. Desde la homogeneización genética hasta el posible diseño de nuestras propias características, el futuro plantea preguntas emocionantes y éticamente desafiantes. _____ **22** _____, los próximos miles de años nos darán pistas sobre cómo se seguirá moldeando nuestra especie, permitiéndonos comprender mejor qué significa ser humano.

https://www.infobae.com (Argentina)

OPCIONES

12. a. notables   b. notorios   c. noticiosos

13. a. aparatos   b. utensilios   c. herramientas

14. a. siquiera   b. si bien   c. si cabe

15. a. sea   b. son   c. es

16. a. predice   b. previene   c. prescribe

17. a. Concretamente   b. Asimismo   c. En suma

18. a. de la mano   b. a mano   c. en mano

19. a. mantendrá   b. mantendría   c. mantenga

20. a. cuanto   b. que   c. como

21. a. A pesar de que   b. En vista de que   c. Dado que

22. a. Otro tanto   b. Mientras tanto   c. De tanto en tanto

Comprensión de lectura y uso de la lengua

Pistas

12-A. notables. Significa *importantes* o *excepcionales*, que es lo que conviene en este contexto. *Notorio* significa *famoso* y *noticioso* significa *erudito, experto*, que no tienen sentido en esta frase.

13-C. herramientas. En su primer significado habla de *instrumento, por lo común de hierro o acero, con que trabajan los artesanos*. Pero también se utiliza con sentido figurado para expresar algo que sirve *para hacer algo o conseguir un fin. Aparatos* y *utensilios,* aunque tienen un significado cercano al primer uso de herramienta, no tienen ese sentido figurado.

14-B. Si bien. Significa *aunque* y es lo que completa el significado de la frase; *siquiera* significa *al menos* y *si cabe* significa *si fuera posible*. Ambas opciones no tendrían sentido en este contexto.

15-C. es. Al tratarse del verbo de la frase principal, debe ir en indicativo por lo que *sea* (verbo *ser* en subjuntivo) no puede ser correcto. *Son* propone una forma del verbo *ser* en indicativo, pero en 3.ª persona del plural, cuando tiene que ir en singular, ya que el texto habla de uno de los cambios.

16-A. predice. *Predecir* significa *adivinar* o *pronosticar*, que es lo que conviene en este contexto. *Prevenir* significa *advertir* o *impedir* y *prescribir* significa *recetar* o *caducar*, que no tendrían sentido en esta frase.

17-B. Asimismo. Es un marcador aditivo (sirve para añadir información) y equivale a *también,* pero en un registro más culto. *Concretamente* es un marcador de concreción o precisión y en *suma* es un marcador de recapitulación o conclusión y no tendrían sentido en este contexto.

18-A. de la mano. Es una locución preposicional que indica, en este caso, colaboración o ayuda; *a mano* indica proximidad o facilidad de acceso (cerca o disponible) y también puede significar *hecho manualmente*. *En mano* se usa para indicar entrega directa y personal. Ambos no tendrían sentido en este contexto.

19-C. mantenga. *Esperar* es un verbo de expectativa o deseo que debe ir seguido de subjuntivo; *mantendrá* y *mantendría* no serían correctos porque son indicativo.

20-C. como. Se trata de una frase comparativa de igualdad, por tanto, la segunda parte debe ir introducida por *como* y no por *que* o *cuanto*.

21-A. A pesar de que. Expresa contraste u oposición (valor concesivo), equivale a *aunque* y puede ir seguida de indicativo o, como en este caso, de subjuntivo (*prometa*). *En vista de que* y *dado que* expresan causa y, por tanto, no pueden ir seguidas de subjuntivo, además de que no tendrían sentido en este contexto.

22-B. Mientras tanto. Es un marcador temporal que indica que algo sucede al mismo tiempo que otra cosa. Equivale a *al mismo tiempo* y es lo que completa correctamente el significado de la frase. *Otro tanto* es una locución adverbial cuantitativa que significa *de igual manera*. *De tanto en tanto* es un marcador temporal de frecuencia que significa *ocasionalmente, de vez en cuando*. Ambos no tendrían sentido en este contexto.

Descripción de la tarea 4

- Esta tarea evalúa la capacidad de **comprender las ideas principales y complementarias, inferir información implícita e identificar la opinión, intención o actitud del autor** en textos complejos. Hay que responder a **cinco preguntas con tres opciones de respuesta** cada una.
- Son textos periodísticos del **ámbito público**, de 450-500 palabras, de **carácter expositivo y argumentativo** (reportaje, artículo o columna de opinión, carta al director, editorial, crítica, etc.).
- Lee una primera vez el texto sin detenerte demasiado. Identifica el tema central y el tono (crítico, irónico, informativo, entusiasta...).
- Haz una segunda lectura leyendo más detenidamente y subraya las ideas principales de cada párrafo. Suele haber una pregunta por cada párrafo del texto.
- Pon atención a los conectores que te indican la relación entre ideas.
- Intenta inferir lo implícito: ¿qué se deduce, aunque el autor no lo diga directamente?

TAREA 4

Vas a leer un texto sobre la causa de que algunas personas sean escépticas hacia la ciencia. Después, contesta a las preguntas (23-27), seleccionando la respuesta correcta (a, b o c).

¿CRECE EL ESCEPTICISMO HACIA LA CIENCIA?

El calentamiento global es un engaño, el hombre nunca pisó la Luna, la teoría de la evolución es una patraña... ¿Qué mueve a una persona razonable a dudar de la razón?

Se nos pide que aceptemos, por ejemplo, que no hay peligro en consumir alimentos genéticamente modificados, porque, según los expertos, no existen pruebas de lo contrario ni razones para pensar que la alteración específica de unos genes en un laboratorio sea más peligrosa que su alteración indiscriminada mediante la hibridación tradicional. Pero hay quien piensa en la idea de transferir genes de una especie a otra y se imagina a un científico loco haciendo estragos. Y, así, dos siglos después de que Mary Shelley escribiese *Frankenstein*, hay quien habla de *frankenfood*.

En este mundo desconcertante debemos decidir en qué creer y cómo actuar en consecuencia. En principio, para eso existe la ciencia. La ciencia no es un corpus de datos. La ciencia es un método para decidir si aquello en lo que elegimos creer se basa en las leyes de la naturaleza o no, pero para la mayoría de nosotros el método científico no surge de forma natural. Y por eso metemos la pata, una y otra vez, creyendo que son verdaderas cosas que en realidad son falsas.

Aunque aceptemos intelectualmente los preceptos de la ciencia, en el plano subconsciente nos aferramos a nuestras intuiciones. Un reciente estudio reveló que hasta los estudiantes con formación científica avanzada vacilan un instante cuando se les pide que afirmen o

Comprensión de lectura y uso de la lengua

nieguen que los humanos desciendan de animales marinos, o que la Tierra gire alrededor del Sol. Una y otra verdad van en contra de la intuición. Los alumnos tardaron más en responder que cuando se les preguntaba si los humanos descienden de criaturas arborícolas o si la Luna gira alrededor de la Tierra, ambas ideas más intuitivas.

El método científico es una disciplina dura hasta para los propios científicos, quienes, como todos nosotros, son vulnerables a lo que ellos llaman *el sesgo de confirmación*: la tendencia a buscar y ver solamente aquellas pruebas que confirman lo que ya creían desde el principio. Sin embargo, a diferencia de los profanos, los científicos someten sus teorías a la revisión formal de sus colegas antes de publicarlas. Una vez publicados los resultados, otros científicos intentarán reproducirlos para verificarlos. Los resultados científicos son siempre susceptibles de quedar anulados por algún experimento u observación futuros.

Ahora bien, ¿por qué nos negamos a admitir el consenso científico? En un estudio se pidió a 1540 estadounidenses puntuar de cero a diez la amenaza del cambio climático. Acto seguido se estableció una correlación entre la puntuación dada y el nivel de formación científica. Cuanto más elevado era el nivel de educación, más extremas eran las puntuaciones... por altas o por bajas. La educación científica fomenta la polarización en el asunto del clima, no el consenso. Esto se debe a que la gente tiende a utilizar el conocimiento científico para reafirmarse en creencias previamente moldeadas por su propia manera de ver e interpretar el mundo.

Adaptado de https://www.nationalgeographic.es (España)

PREGUNTAS

23. Los alimentos con genes modificados:
   a. Tienen más riesgos para la salud que los tradicionales, según los expertos.
   b. No son más peligrosos que los modificados mediante el cruce tradicional de especies.
   c. Ya fueron descritos por Mary Shelley en su novela *Frankenstein* hace 200 años.

24. El método científico:
   a. Sirve para explicar las leyes naturales.
   b. No es innato en la mayoría de los seres humanos.
   c. A veces nos empuja a creer cosas falsas.

25. Las creencias intuitivas:
   a. Impiden que creamos en la ciencia.
   b. Hacen que pensemos con más lentitud.
   c. Persisten a pesar de la formación científica.

26. Los científicos deben:
- a. Buscar la información que confirme sus creencias previas.
- b. Compartir sus ideas con otros especialistas para que las evalúen antes de difundirlas.
- c. Reproducir resultados verificados por otros investigadores.

27. En el tema del cambio climático, la formación científica:
- a. Incita a concienciarse del peligro.
- b. Fomenta la radicalización de las opiniones.
- c. No cambia las creencias anteriores.

Pistas

23-B. Los alimentos genéticamente modificados no son más peligrosos que los modificados mediante el cruce tradicional de especies.
... según los expertos, no existen pruebas de lo contrario ni razones para pensar que la alteración específica de unos genes en un laboratorio sea más peligrosa que su alteración indiscriminada mediante la hibridación tradicional.
No es A porque dice justamente lo contrario.
No es C, ya que lo que dice es que se los ha llamado *frankefood* en referencia a la novela de Mary Shelley.

24-B. El método científico no es innato en la mayoría de los seres humanos.
... para la mayoría de nosotros el método científico no surge de forma natural.
No es A porque lo que afirma es que sirve para determinar si nuestras creencias se basan o no en las leyes de la naturaleza.
No es C porque lo que se dice es que, al no ser innato en el ser humano, a veces creemos cosas falsas.

25-C. Las creencias intuitivas persisten a pesar de la formación científica.
Aunque aceptemos intelectualmente los preceptos de la ciencia, en el plano subconsciente nos aferramos a nuestras intuiciones. ... hasta los estudiantes con formación científica avanzada vacilan...
No es A. El texto dice que aunque aceptemos intelectualmente los preceptos de la ciencia subconscientemente cuesta aceptar cosas que van contra la intuición.
No es B. Lo que dice el texto es que se tarda más en responder cuando la idea va en contra de la intuición.

26-B. Los científicos deben compartir sus ideas con otros especialistas para que las evalúen antes de difundirlas.
... los científicos someten sus teorías a la revisión formal de sus colegas antes de publicarlas.
No es A porque lo que se afirma es que, para contrarrestar la tendencia a buscar y ver solamente las pruebas que confirman lo que ya creían, hacen que sus estudios sean revisados por otros especialistas.
No es C. Lo que dice el texto es que, una vez publicados los resultados de una investigación, otros científicos intentarán reproducirlos para verificarlos.

La ciencia, la tecnología y los medios de comunicación

Comprensión de lectura y uso de la lengua

Pistas

27-C. En el tema del cambio climático, la formación científica no cambia las creencias anteriores. *La gente tiende a utilizar el conocimiento científico para reafirmarse en creencias previamente moldeadas.*
No es A. Lo que afirma el texto es que las opiniones sobre este tema están muy polarizadas entre las personas con formación científica, es decir, que algunos creen que existe el cambio climático y es muy peligroso, mientras que otros minimizan su importancia.
No es B. El texto no dice que la formación científica radicalice las opiniones, sino que cada uno la usa para confirmar las ideas que ya tenía previamente.

Descripción de la tarea 5

- Se evalúa la capacidad de identificar **la estructura y la relación entre las ideas** en un texto complejo.
- Hay que leer un texto con cinco espacios vacíos y reconstruirlo eligiendo, entre los siete fragmentos disponibles, el que corresponde a cada espacio. Hay dos fragmentos que no pertenecen al texto.
- El texto es periodístico o literario, de carácter **expositivo, narrativo o descriptivo** (noticia, biografía, relato, etc.), del ámbito público o educativo y de una extensión de 450-500 palabras.
- Lee el texto completo antes de mirar los fragmentos. Intenta entender el tema general, el tipo de texto, el tono y la evolución de las ideas.
- Después, lee los siete fragmentos con atención. Antes de intentar colocarlos, considera si empiezan con conectores, si contienen pronombres y si hacen referencia a algo anterior. ¿Parecen una conclusión, un ejemplo o una explicación?
- Observa también el encaje gramatical: ¿El tiempo verbal coincide con el contexto? ¿Hay repetición léxica que conecta con el párrafo?
- Cuando completes los cinco huecos, lee el texto entero seguido para ver si tiene sentido y es coherente.

TAREA 5

Vas a leer un texto del que se han extraído cinco párrafos. A continuación, lee los siete fragmentos propuestos (A-G) y decide en qué lugar del texto (28-32) hay que colocar cada uno. Hay dos fragmentos que no tienes que elegir.

¿CÓMO DETECTAR *FAKE NEWS*?

Desafortunadamente, el fenómeno de las *fake news* o noticias falsas afecta cada vez con mayor frecuencia a los usuarios de Internet. El objetivo de este tipo de noticias se centra en lograr convencer a una gran masa sobre información que no es real, con la intención de tocar emociones, alinearse con una coyuntura o desprestigiar campañas, ya sean electorales, sociales o de interés común. **28.** _____

Es por ello que resulta de suma importancia analizar el origen de las *fake news* y poner en cuestión este tema que involucra la forma de consumir datos. Este tipo de noticias generalmente se aprovechan de la inmediatez que ofrecen las redes sociales y de la facilidad que brindan para compartir cualquier contenido rápidamente.

29. _____ . Una comunidad desinformada y con percepciones erradas acerca de un tema puede derivar en problemáticas sociales y culturales como la intolerancia, la propagación de discursos de odio y la toma de decisiones sin información veraz.

Si bien hay noticias falsas que suelen identificarse por el uso de palabras coyunturales acompañadas de expresiones exageradas, inicialmente la acción más efectiva es confirmar las fuentes. **30.** _____. Ejemplos de fuentes de información son, por ejemplo, declaraciones verificables en una entrevista, investigaciones académicas, publicaciones, documentos u otros sitios web de instituciones, universidades o cualquier organismo que pueda ser referente en el tema principal del que hablan estas falsas noticias.

31. _____. Dicha estrategia de titulares llamativos se conoce también como *clicbait* y busca, a través de fotografías con titulares falsos, generar la mayor cantidad de clics posibles para aumentar los ingresos publicitarios.

Además de la incertidumbre e información malintencionada que se divulga a través de Internet, las noticias falsas representan un peligro para la seguridad informática de los usuarios. **32.** _____. Desconfíen de páginas de contenido que, para leer cualquier texto, le solicitan información como su correo electrónico o iniciar sesión en alguna red social.

Todos los usuarios de Internet y de plataformas de redes sociales deben ser conscientes de su lugar en estos espacios, tanto como consumidores como en cuanto productores o replicadores de contenido. Su aporte se condensa en el proceso de la información: verificar y confirmar todo lo que llega y lo que se genera. Para frenar la desinformación y las noticias falsas se debe tener en cuenta su incidencia y efectos y así iniciar los procesos de verificación cuando estamos al frente de una.

https://www.unicef.org/colombia/casicaigo (Colombia)

Preparación Diploma de Español Escolar (Nivel B2/C1)

Comprensión de lectura y uso de la lengua

FRAGMENTOS

A Generalmente las *fake news* no dicen explícitamente de dónde procede la información.

B La saturación de información y la viralización de contenido han sido motivo de preocupación mundial.

C Otro ejemplo también es la divulgación de información financiera sin corroborar para causar incertidumbre y pánico entre los ciudadanos.

D Algunas veces son estrategias que buscan robar los datos personales de quien acceda a este contenido.

E A menudo también se encuentran en sitios web, en secciones con nombres llamativos como, por ejemplo: *Últimas noticias, Este vídeo te cambiará la vida o Lo que puedes dejar de saber.*

F La mayor consecuencia de las *fake news* es la desinformación masiva que se genera en la población.

G Otro tema que tener en cuenta a la hora de detectar *fake news* es que las noticias falsas basan gran parte de su atractivo en su título.

Anota el tiempo que has tardado. Recuerda que solo tienes 75 minutos.

Pistas

28-C. Otro ejemplo también es la divulgación de información financiera sin corroborar para causar incertidumbre y pánico entre los ciudadanos.
El texto ha proporcionado varios ejemplos de para qué se divulgan las *fake news* (tocar emociones, alterar el resultado de campañas...) y aquí nos proporciona uno más.

29-F. La mayor consecuencia de las *fake news* es la desinformación masiva que se genera en la población.
En este caso hay que fijarse en la frase siguiente, en la que se habla de los peligros de que una comunidad esté desinformada.

30-A. Generalmente las *fake news* no dicen explícitamente de dónde procede la información.
El texto ha mencionado en la frase anterior la necesidad de confirmar fuentes, es decir, identificar de dónde procede la información. Asimismo, en la frase siguiente se dice: *Ejemplos de fuentes de información son...*

31-G. Otro tema que tener en cuenta a la hora de detectar *fake news* es que las noticias falsas basan gran parte de su atractivo en su título.
En este caso, debemos prestar atención a la frase siguiente, en la que se habla de titulares llamativos (*titular* es un sinónimo de *título*).

32-D. Algunas veces son estrategias que buscan robar los datos personales de quien acceda a este contenido.
El texto nos previene contra las noticias falsas por el peligro contra la seguridad informática y con esta frase nos explica por qué. De hecho, la frase siguiente añade: *Desconfíen de páginas de contenido que, para leer cualquier texto, le solicitan información como su correo electrónico o iniciar sesión en alguna red social.*

Los enunciados que sobran son B y E.

 ### Descripción de la prueba 2

La prueba 2, **Comprensión auditiva,** consiste en **4 tareas**. Su duración total es de 45 minutos. Los textos orales son textos complejos auténticos, del **ámbito público o educativo,** e incluyen **dos variedades geográficas del español.**

Con un total de **30 preguntas,** los ítems son de respuesta preseleccionada (correspondencias y selección múltiple).

Recomendaciones para toda la prueba

• Cuentas con cuarenta y cinco minutos para los cuatro textos, es tu responsabilidad organizar bien el tiempo para no dejar ninguna tarea sin hacer.

• Antes de escuchar el audio, lee despacio para entender bien las preguntas.

• No te bloquees con las palabras que no conoces, intenta deducir por el contexto. Ten en cuenta que algunos textos son de diferentes variedades del español, así que puede haber vocabulario con el que no estés familiarizado/a.

• Aunque no estés completamente seguro/a, responde a todas las preguntas, ya que no se penalizan las respuestas incorrectas.

Descripción de la tarea 1

• En esta tarea se evalúa la capacidad del candidato para captar la **idea principal** y la **información esencial** en textos breves.

• Consiste en escuchar **siete monólogos** y unirlos al enunciado que corresponde a cada uno de entre diez disponibles.

• Cada monólogo dura entre 25 y 30 segundos, y pueden pertenecer al **ámbito personal, público o educativo.**

• Es muy importante leer detenidamente los enunciados antes de la audición.

• No busques palabras idénticas, sino ideas.

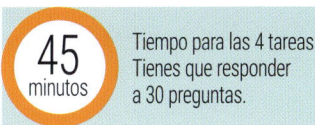

45 minutos

Tiempo para las 4 tareas. Tienes que responder a 30 preguntas.

TAREA 1

41

Vas a escuchar a siete jóvenes que hablan sobre sus impresiones acerca de los avances tecnológicos. Los oirás dos veces. Selecciona el enunciado (A-K) que corresponde al tema del que habla cada persona (1-7). Hay once enunciados incluido el ejemplo: selecciona siete.

Es importante leer primero los enunciados: tienes 30 segundos.

ENUNCIADOS

A	Piensa que las relaciones personales están siendo afectadas negativamente.
B	Dice que las nuevas tecnologías suponen un gran potencial para la educación.
C	Cree que, por culpa de algunas tecnologías, la gente se deja engañar con más facilidad.
D	Esta persona habla sobre las ventajas en cuanto al ocio y al entretenimiento.
E	Dice que la gente tiende a exagerar los peligros de las nuevas tecnologías.
F	Para esta persona, en muchas ocasiones se sobreestiman las nuevas tecnologías.
G	Cree que las nuevas tecnologías traen consigo manipulación y hasta corrupción.
H	Habla sobre los peligros que conllevan para la salud de los seres humanos.
I	Cree que en el futuro la gente podrá invertir su tiempo en tareas más gratificantes.
J	Piensa que las nuevas tecnologías hacen que los contenidos cada vez sean peores.
K	Habla del riesgo de que se usen las nuevas tecnologías para perjudicar a la gente que trabaja.

OPCIONES

0.	Persona 0	A
1.	Persona 1	
2.	Persona 2	
3.	Persona 3	
4.	Persona 4	
5.	Persona 5	
6.	Persona 6	
7.	Persona 7	

Preparación Diploma de Español Escolar (Nivel B2/C1)

Comprensión auditiva

Pistas

0-A. Piensa que las relaciones personales están siendo afectadas negativamente.
El chico dice: *Se suponía que las nuevas tecnologías iban a ayudarnos a conectar con otros, pero cada vez la gente interactúa más con la IA y menos con otras personas.*

1-I. Cree que en el futuro la gente podrá invertir su tiempo en tareas más gratificantes.
La chica dice: *no vamos a tener que trabajar. Vamos a poder dedicarnos a hacer lo que realmente nos llena.*

2-E. Dice que la gente tiende a exagerar los peligros de las nuevas tecnologías.
El chico dice: *Hay mucho catastrofismo respecto al futuro; ... pero tampoco es para tanto. Siempre nos ha dado miedo lo nuevo.*

3-C. Cree que, por culpa de algunas tecnologías, la gente se deja engañar con más facilidad.
La chica dice de la gente: *se está haciendo más maleable y que se traga los bulos con más facilidad.*

4-K. Habla del riesgo de que se usen las nuevas tecnologías para perjudicar a la gente que trabaja.
El chico dice: *El problema es que las grandes empresas aprovechen para empeorar las condiciones de los trabajadores y explotarnos.*

5-D. Esta persona habla sobre las ventajas en cuanto al ocio y al entretenimiento.
La chica dice de las plataformas de *streaming*: *ahora no dependes de lo que ponen en la tele y puedes elegir la serie que quieres ver y no tienes que esperar una semana para ver el siguiente episodio.*

6-F. Para esta persona, en muchas ocasiones se sobreestiman las nuevas tecnologías.
El chico dice: *Les encanta darle bombo a todo para darse importancia y venderte algo que no necesitas. ¿En serio la gran revolución es no tener que darle al interruptor...?*

7-G. Cree que las nuevas tecnologías traen consigo manipulación y hasta corrupción.
La chica dice: *los líderes tecnológicos utilizan las nuevas tecnologías para enriquecerse y lo peor es que no podemos confiar en los políticos para actuar, ya que a muchos les interesa económicamente tener buena relación con ellos o algo más...*

Descripción de la tarea 2

- Esta tarea consiste en **escuchar una entrevista** y responder a **ocho preguntas de selección múltiple** con tres opciones de respuesta cada una.
- En esta tarea se evalúa la capacidad del candidato para comprender **información específica y detalles importantes en textos extensos.**
- Se trata de una entrevista a una persona sobre obras, proyectos, eventos o logros de tipo artístico o deportivo de una duración de entre 4 y 4 minutos y medio del ámbito **público o educativo.**
- Es muy importante leer detenidamente los enunciados antes de la audición.
- No busques palabras idénticas, sino ideas.

TAREA 2

42 🔊

Vas a escuchar una entrevista a Martín Andrighetti, un joven chileno que ha ganado el título del mejor programador del mundo: un campeonato en el que los candidatos tienen que resolver problemas lógicos y algorítmicos complejos en un tiempo limitado. La oirás dos veces. Después, debes contestar a las preguntas (8-15) seleccionando la respuesta correcta (a, b o c).

PREGUNTAS

8. Martín ha ganado un premio:
   a. Al que se presentaron 100 000 jóvenes de Latinoamérica.
   b. En un concurso que se celebraba por primera vez en India.
   c. Que ningún otro latinoamericano había ganado antes.

9. Para Martín:
   a. Este era el primer campeonato al que se había presentado.
   b. La competición no había sido demasiado difícil.
   c. Era la primera vez que participaba en la fase final del concurso.

10. Martín iba preparado porque:
   a. Ya se había presentado a otros concursos similares.
   b. Había estado entrenando a través de Internet.
   c. Había estado practicando seis horas diarias.

11. La etapa clasificatoria:
   a. Se había realizado en India.
   b. Tenía el mismo formato que la final.
   c. Se había llevado a cabo a distancia.

12. Martín estuvo seguro de que había ganado:
   a. En el momento en el que todos los concursantes terminaron.
   b. Poco tiempo antes de terminar todas las pruebas.
   c. Cuando vio que había sido el primero en terminar.

13. El campeonato lo ganaba:
   a. El primero en terminar todas las pruebas.
   b. El que consiguiera la mayor puntuación.
   c. El que más problemas pudiera resolver.

14. Con el dinero que ha ganado, Martín:
   a. Quiere hacer una gran fiesta e invitar a sus amigos.
   b. Todavía no sabe en qué se lo va a gastar.
   c. Va a continuar formándose para hacer más campeonatos.

15. Martín dice que:
   a. Gracias a su victoria ya ha encontrado trabajo.
   b. Quiere continuar participando en concursos.
   c. Cree que va a aceptar una oferta para trabajar afuera.

Comprensión auditiva

Pistas

8-C. Que ningún otro latinoamericano había ganado antes.
La entrevistadora dice: *Martín ganó en India una de las competencias de programación más importantes del planeta entre 100 000 jóvenes de alrededor del mundo. Se trata del primer latino-americano y primer chileno en ganar esto.*
No es A porque son 100 000 jóvenes de alrededor del mundo, es decir, del mundo entero.
No es B porque en ningún momento se dice que fuera la primera vez en India.

9-C. Era la primera vez que participaba en la fase final del concurso.
Martín dice: *Era la primera vez que participaba en la final de este campeonato.*
No es A porque dice: *esta no es la única competencia en la que he participado.*
No es B porque no lo dice en ningún momento.

10-A. Ya se había presentado a otros concursos similares.
Martín dice: *Había participado en muchas otras competencias; uno practica estas cosas con desafíos parecidos.*
No es B porque lo que hizo a través de Internet *(online)* fueron las etapas clasificatorias, no fueron entrenamientos.
No es C porque cuando menciona las seis horas diarias habla de la duración de la final y de las etapas clasificatorias, no de entrenamientos.

11-C. Se había llevado a cabo a distancia.
Martín dice: *la clasificatoria había sido un formato muy parecido: 6 horas, pero* online *por supuesto, no en India.*
No es A porque en India solo tuvo lugar la final.
No es B porque no lo dice en ningún momento.

12-A. En el momento en el que todos los concursantes terminaron.
Martín dice: *si bien yo terminé la suma de todos los problemas antes, alguien podría después haber hecho los problemas que le faltaban más rápido y me hubiera sobrepasado.*
No es B porque eso no se dice en ningún momento.
No es C porque dice que creía que había ganado, pero no estaba seguro.

13-B. El que consiguiera la mayor puntuación.
La entrevistadora dice: *podía haber pasado que alguien tuviera una mejor calificación indepen-dientemente de que terminara después, podía tener una mejor calificación y ahí no habrías ganado.*
No es A porque, aunque terminara antes, alguien podría haber conseguido más puntos.
No es C porque no lo dice en ningún momento.

14-B. Todavía no sabe en qué se lo va a gastar.
Cuando le preguntan en qué se va a gastar el dinero, Martín dice: *no lo sé. Supongo que por ahora voy a ahorrar.*
No es A porque *sus amigos son los que quieren que les invite de fiesta.*
No es C porque dice *que, por una parte, va a seguir formándose (estudiar) y, por otra, va a seguir participando en campeonatos,* pero no va a usar el dinero para eso.

15-B. Quiere continuar participando en concursos.
Cuando le preguntan sobre sus planes, Martín dice: *estoy metido aún en esto de las competencias.*
No es A porque Martín dice: *He recibido bastantes ofertas interesantes. El único problema es que estoy metido aún en esto de las competencias y también estoy estudiando. Trabajar además sería hacer tres cosas a la vez; no me daría el tiempo y estaría pagándolo en menos entrenamiento.*
No es C porque todavía no tiene planeado empezar a trabajar: *por lo menos este semestre o este año está un poco complicado...*

Descripción de la tarea 3

- Esta tarea consiste en **escuchar un monólogo** (charla, presentación, noticia, reportaje, *pódcast*...) e identificar **entre los doce enunciados disponibles los siete** que corresponden a contenidos del texto.
- En esta tarea se evalúa la capacidad del candidato para comprender las **ideas principales y los detalles que las apoyan en un texto extenso y complejo.**
- La audición tiene una duración de entre 4 y 4,5 minutos, y puede ser del ámbito **público o educativo.**
- Es muy importante leer detenidamente los enunciados antes de la audición.
- No busques palabras idénticas, sino ideas.

TAREA 3   43 🔊

Vas a escuchar un pódcast español que habla sobre el lanzamiento de dos robots. Lo oirás dos veces. De los doce enunciados que aparecen debajo (A-L) deberás elegir los siete (16-22) que corresponden al episodio.

Es importante leer primero los enunciados: tienes 60 segundos.

ENUNCIADOS

A. El aspecto del robot de XPENG puede ser modificado según la preferencia del consumidor.

B. El robot de XPENG está cubierto por una piel que se asemeja a la del ser humano.

C. Los movimientos del robot de XPENG son fluidos y le permiten trabajar con mayor precisión.

D. El robot de XPENG ha sido preprogramado para poder realizar sus tareas con eficacia.

E. Según el CEO de XPENG, su robot es ideal para trabajar tanto de cara al público como en fábricas.

F. XPENG emplea una batería que dura más y pesa menos que las que usan otras compañías.

G. Para XPENG, la privacidad y la seguridad de los usuarios de su robot es de gran importancia.

H. Mucha gente critica el robot de XPENG porque no parece lo suficientemente humano.

I. Parece que el robot de XPENG no será asequible debido a la tecnología con la que cuenta.

J. Unitree ha creado un robot que solo podrá funcionar si un humano lo está controlando.

K. Los robots de Unitree ganarán más autonomía en el futuro, después de ser entrenados.

L. Es conveniente para el proceso de aprendizaje que mucha gente utilice el robot de Unitree.

Marque solamente las siete opciones.

16-22	A	B	C	D	E	F	G	H	I	J	K	L

Comprensión auditiva

Pistas

A. El aspecto del robot de XPENG puede ser modificado según la preferencia del consumidor.
Los usuarios podrán elegir entre complexiones, como atlética, corpulenta, alta o baja, escoger diferentes peinados y más adelante incluso cambiarle el vestuario.

C. Los movimientos del robot de XPENG son fluidos y le permiten trabajar con mayor precisión.
Puede realizar tareas delicadas, como coger objetos pequeños o gesticular con naturalidad.

F. XPENG emplea una batería que dura más y pesa menos que las que usan otras compañías.
Dicen: El robot funcionará con una batería de estado sólido, algo muy poco habitual en humanoides, lo que lo hace más ligero y le da más autonomía que las baterías de litio convencionales.

G. Para XPENG, la privacidad y la seguridad de los usuarios de su robot es de gran importancia.
También han integrado un componente de seguridad y ética. El CEO ha mencionado que el robot sigue las tres leyes universales de la robótica de Isaac Asimov y han añadido una cuarta: no puede compartir los datos de su propietario.

I. Parece que el robot de XPENG no será asequible debido a la tecnología con la que cuenta.
Con semejante tecnología, tres chips de IA de gama alta, baterías de estado sólido y toda esa articulación, no va a ser barato.

K. Los robots de Unitree ganarán más autonomía en el futuro, después de ser entrenados.
Se trata de un proceso de aprendizaje corpóreo a partir de los datos de la teleoperación humana. Cada acción va perfeccionando su control motriz.

L. Es conveniente para el proceso de aprendizaje que mucha gente utilice el robot de Unitree.
Cuanta más gente utiliza las unidades G1, más datos se recopilan.

Los enunciados que sobran son B: *el robot de XPENG está cubierto por una piel que se asemeja a la del ser humano*; D: *ha sido preprogramado para poder realizar sus tareas con eficacia*; E: *su robot es ideal para trabajar tanto de cara al público como en fábricas*; H: *no parece lo suficientemente humano* y J: *solo podrá funcionar si un humano lo está controlando*.

Descripción de la tarea 4

- Esta tarea consiste en escuchar **cuatro conversaciones** y, para cada conversación, responder a **dos preguntas de selección múltiple** con tres opciones de respuesta cada una.
- En esta tarea se evalúa la capacidad del candidato para **comprender información específica e inferir información implícita**, identificando opiniones, intenciones o actitudes de los hablantes en **conversaciones breves**.
- Cada conversación tiene una duración de entre 50 y 70 segundos. Son conversaciones (telefónicas o cara a cara) de carácter **personal** o **transaccional** entre dos personas que pueden ser del **ámbito personal público o educativo**.
- Es muy importante leer detenidamente los enunciados antes de la audición.
- No busques palabras idénticas, sino ideas.

TAREA 4

Vas a escuchar cuatro conversaciones entre dos personas. Las oirás dos veces. Después, debes contestar a las preguntas (23-30) seleccionando la opción correcta (a, b o c).

Es importante leer primero las preguntas: tienes 40 segundos.

PREGUNTAS

Conversación 1   44

23. A la chica le interesa una tarifa:
    a. Sin límite de acceso a Internet.
    b. Con más Internet y que no sea muy cara.
    c. Con más Internet y más llamadas.

24. Finalmente, la chica contrata una tarifa que:
    a. Entra dentro de su presupuesto.
    b. Viene con unos auriculares de regalo.
    c. Incluye datos ilimitados.

Conversación 2   45

25. El chico lleva mal su trabajo de Biología porque:
    a. No sabe qué hay que hacer.
    b. No se siente suficientemente inspirado.
    c. Está agobiado y no tiene tiempo.

26. En un principio, el chico no piensa usar la IA, ya que:
    a. Piensa que sería como copiar y eso le incomoda.
    b. Las respuestas que da no son siempre fiables.
    c. La aplicación que funciona bien es de pago.

Conversación 3   46

27. Para arreglar el problema que tiene con el ordenador:
    a. Lo intenta reiniciar.
    b. Vacía el disco duro.
    c. Comprueba su memoria.

28. La conclusión a la que llegan es que:
    a. El problema es la memoria del disco duro.
    b. Los programas que usa son muy antiguos.
    c. Hay que adquirir un nuevo ordenador.

Conversación 4   47

29. Al chico le da pena:
    a. Que tantas personas sufran *bullying* en las redes sociales.
    b. Perder el contacto con sus amigos que viven en el extranjero.
    c. Que cierren su cuenta, porque va a perder muchos recuerdos.

30. La chica está indignada porque:
    a. Todos los jóvenes pagarán las consecuencias de las acciones de otros usuarios.
    b. El gobierno toma decisiones por los jóvenes sin tener en cuenta su opinión.
    c. El odio y la polarización están causando muchos problemas en las redes sociales.

Anota el tiempo que has tardado. Recuerda que solo tienes 45 minutos.

Comprensión auditiva

Pistas

23-B. Con más Internet y que no sea muy cara.
La chica dice: *que me quedo enseguida sin datos* y que le interesa *algo que me dure bastante más;* y, cuando le ofrecen la tarifa con datos ilimitados, dice que supera su presupuesto.
No es A porque no lo dice en ningún momento.
No es C porque dice que las llamadas no las necesita para nada.

24-A. Entra dentro de su presupuesto.
El teleoperador dice: *Le puedo ofrecer una tarifa con 50 gigas, que serían 20 euros al mes, o una con datos ilimitados por 50 euros al mes y que incluye como regalo unos auriculares inalámbricos.*
La chica responde: *Se me va un poco de presupuesto. Me quedo con la primera que me ha dicho.*
No es B porque los auriculares los dan con la tarifa que ha rechazado.
No es C porque la chica rechaza la tarifa de Internet ilimitado por ser demasiado cara.

25-C. Está agobiado y no tiene tiempo.
Cuando su amiga le pregunta sobre el trabajo, él responde: *Es que, entre el trabajo de Biología, el de Historia y los exámenes, no doy abasto. No dar abasto* significa "no ser capaz de llegar a hacerlo todo por tener demasiado volumen de trabajo".
No es A porque no dice eso en ningún momento.
No es B porque la que habla de inspiración es su amiga, que le aconseja utilizar la IA, precisamente para servirle de inspiración.

26-A. Piensa que sería como copiar y eso le incomoda.
Cuando su amiga le sugiere que use una IA, él responde: *Me da cosa. Me da la impresión de que sería como hacer trampa.*
No es B porque, aunque dice: *yo probé una vez, pero se inventaba un montón de cosas,* no es el motivo por el que no la usa.
No es C porque su amiga es la que le dice: *has utilizado la versión gratuita, que es muy mala.*

27-C. Comprueba su memoria.
La amiga le dice: *A lo mejor es que tienes el disco duro lleno;* entonces él comprueba la memoria.
No es A porque, cuando la amiga le sugiere que lo reinicie, él dice: *¡No! Que pierdo todo el trabajo que llevo.*
No es B porque eso no se menciona.

28-C. Hay que adquirir un nuevo ordenador.
El chico dice: *¡Lo que faltaba! Ahora tengo que gastarme el dinero en otro.*
No es A porque, cuando comprueba la memoria del disco duro, se dan cuenta de que no es eso.
No es B porque no se dice en ningún momento.

29-C. Que cierren su cuenta, porque va a perder muchos recuerdos.
Cuando su amiga le informa de que el gobierno va a prohibir el uso de redes sociales a menores de 16 años, él dice: *Yo no quiero cerrar mi cuenta. Tengo un montón de fotos colgadas, y los mensajes, y los* likes...
No es A porque eso no lo dice.
No es B porque eso lo dice la chica.

30-B. El gobierno toma decisiones por los jóvenes sin tener en cuenta su opinión.
La chica dice: *Y, encima, lo que me molesta es que estén diciendo que lo hacen por nuestro bien. ¿Acaso nos han preguntado algo? ¿Les interesa lo que tenemos que decir al respecto?*
No es A porque eso lo dice el chico.
No es C, ya que ese es el motivo por el que van a prohibir las redes sociales a los menores.

 Descripción de la prueba 3

La prueba 3, **Expresión, mediación e interacción escritas**, consiste en dos tareas. Su duración total es de 80 minutos. El texto de la audición de entrada de la tarea 1 es del ámbito **público o educativo.**

En la tarea 2 se te darán dos opciones de las que hay que **elegir una.**

Ten en cuenta que, en esta prueba, además de la expresión escrita (producción de un texto escrito para comunicar ideas, opiniones o información, sin que sea necesaria una respuesta inmediata), se evalúan la **mediación** (capacidad de usar la lengua para transmitir, resumir o aclarar información de manera que otra persona pueda entenderla) y la **interacción** (intercambio de mensajes por escrito entre dos o más personas, en el que cada participante lee y responde a los demás).

Recomendaciones para toda la prueba

- Lee despacio las instrucciones para entenderlas perfectamente antes de ponerte a escribir. Una de las cosas que se evalúan es que el texto se ajuste a la consigna.
- Haz un borrador, no te pongas nunca a escribir directamente sobre la hoja del examen.
- Controla el tiempo: cuentas con **ochenta minutos** para las dos tareas. Déjate un margen de tiempo al final para revisar.
- Cuida la redacción: elige las palabras y las estructuras adecuadas. El vocabulario y la gramática deben corresponder al nivel B2-C1.

Descripción de la tarea 1

- Esta tarea consiste en **resumir** un texto oral y expresar una **opinión** o una **valoración** sobre su contenido en una redacción o ensayo **académico.**
- En esta tarea se evalúa la capacidad de tomar notas y de síntesis del candidato para elaborar un producto final (texto académico) que cumpla con las pautas requeridas.
- La audición tiene una duración de entre 3 y 4 minutos, durante los cuales el candidato toma notas y posteriormente escribe un texto a partir de esas notas.
- El texto escrito debe ser **académico,** del ámbito **educativo.** Debe **adecuarse al destinatario** y respetar las **convenciones y rasgos del género** (registro formal, vocabulario rico, estructura organizada...).
- La extensión del texto es de 150-180 palabras.
- Ten en cuenta que en esta tarea no solo se evalúa la **expresión** oral, sino también la **mediación** (debes resumir el texto, no expresar tus propias ideas, excepto cuando des tu opinión; debe quedar claro cuándo estás haciendo cada cosa).

Preparación Diploma de Español Escolar (Nivel B2/C1).

La ciencia, la tecnología y los medios de comunicación

Expresión, mediación e interacción escritas

 Tiempo para las dos tareas.
80 minutos

TAREA 1

En la asignatura de **Educación en Valores Cívicos** habéis estado tratando el tema de la dependencia actual del móvil, llamada *nomofobia,* y el profesor os ha propuesto una redacción sobre esto.

Vas a escuchar un pódcast sobre la *nomofobia*, el miedo irracional a quedarse incomunicado. Toma notas para luego utilizarlas en tu texto. 48

Escribe una redacción en la que deberás:

- Introducir el tema. ■ Resumir las ideas principales de un pódcast sobre la nomofobia.
- Opinar sobre lo que se dice en el pódcast.
- Comentar si las personas de tu entorno o tú experimentáis lo que se comenta en el pódcast.

Número de palabras: entre 150 y 180.

Consejos para la tarea 1

Antes del examen, lleva preparadas mentalmente estructuras que podrás usar en esta prueba: *El experto afirma que..., Desde mi punto de vista..., A mi modo de ver... A mi entender... Me resulta extraño/ interesante/llamativo que...*

También conviene que prepares conectores apropiados para este nivel: aditivos *(asimismo, es más)*; consecutivos *(de ahí que)*; contraargumentativos *(ahora bien)*; causales *(dado que)*; reformuladores *(dicho de otro modo, en resumidas cuentas)*, etc.

Recuerda la gramática asociada a estas funciones y utiliza expresiones de nivel B2-C1.

Antes de escuchar, recuerda leer bien la consigna, ya que una de las cosas que se evalúan es que te ajustes a lo que se pide.

Durante la audición, toma notas de forma eficaz. No intentes escribir todo. Concéntrate en la idea principal, en los ejemplos o datos relevantes y en los conectores. Usa abreviaturas y organiza las notas con flechas o esquemas.

Por último, redacta un texto académico claro y estructurado en tres partes: la introducción, donde presentes el tema y la idea principal; el desarrollo, donde expongas las ideas principales con tus propias palabras; así como tu valoración u opinión argumentada.

Descripción de la tarea 2

- Esta tarea consiste en **elaborar**, a partir de **estímulos gráficos o escritos**, un texto **expositivo, narrativo o epistolar** adecuado para un contexto específico.
- Es importante fijarse en las instrucciones, ya que proporcionan un contexto (finalidad, género textual y destinatario) al que hay que ajustarse.
- Se ofrecen **dos opciones,** de las que hay que elegir una.
- **Opción 1:** Escribir un **artículo** para una publicación escolar, una red social o un concurso, para un contexto concreto y a partir de una información facilitada (gráfico, infografía o breve texto).
- **Opción 2:** Redactar un **correo** o una **carta** (reclamación, solicitud, propuestas, motivación, etc.) en respuesta a un texto breve. Anuncio, reseña, fragmento de artículo de opinión...
- El texto escrito debe ser del ámbito **público o educativo**.
- La extensión del texto es de 180-220 palabras.

TAREA 2

Opción 1

En la asignatura de Lengua y Literatura estáis dando ahora una unidad dedicada a los medios de información y comunicación. El/la profesor/-a os ha mandado escribir un texto sobre las preferencias de la gente a la hora de informarse dependiendo de la edad. Para ayudaros, os ha dado este gráfico con los datos de una encuesta realizada a personas de diferentes edades en varios países de Europa. Escribe una redacción en la que deberás:

- Hacer una introducción al tema.
- Comentar los datos de los gráficos y dar tu valoración sobre ellos.
- Explicar cómo prefieres tú informarte.

Número de palabras: entre 180 y 220

Consumo de noticias en Europa

Leyenda: Online · Televisión · Radio · Prensa

En % — De 18 a 29 años

	TOTAL	ESPAÑA	FRANCIA	ALEMANIA	ITALIA	REINO UNIDO
Online	73	73	63	67	83	72
Televisión	38	68	44	38	65	35
Radio	33	27	29	49	41	28
Prensa	12	13	11	16	19	10

De 30 a 49 años

	TOTAL	ESPAÑA	FRANCIA	ALEMANIA	ITALIA	REINO UNIDO
Online	68	67	50	68	75	68
Televisión	61	79	62	61	74	50
Radio	56	48	57	69	56	56
Prensa	22	26	17	31	28	13

Más de 50 años

	TOTAL	ESPAÑA	FRANCIA	ALEMANIA	ITALIA	REINO UNIDO
Online	48	45	41	40	56	37
Televisión	87	89	86	87	91	79
Radio	57	53	57	72	43	53
Prensa	39	31	32	60	36	29

Fuente: https://www.elmundo.es

Preparación Diploma de Español Escolar (Nivel B2/C1)

La ciencia, la tecnología y los medios de comunicación

Expresión, mediación e interacción escritas

Consejos para la tarea 2, opción 1

Antes del examen, prepara el vocabulario que vas a necesitar para comentar un gráfico:
- **Verbos:** *incrementarse, crecer, disminuir, descender, reducirse, caer, mantenerse estable, alcanzar un máximo/un mínimo, experimentar un cambio, representar, constituir, registrar...*
- **Sustantivos:** *aumento, incremento, crecimiento, descenso, reducción, caída, tendencia, evolución, variación, porcentaje, proporción, datos, cifra, mayoría, minoría...*
- **Adverbios y expresiones de cantidad:** *ligeramente, gradualmente, progresivamente, notablemente, de forma significativa, de manera leve, de forma constante, de manera drástica...*
- **Expresiones para comparar:** *en comparación con, a diferencia de, mientras que, por el contrario, sin embargo, en cambio, al igual que...*
- **Expresiones para interpretar:** *Esto puede deberse a...; Una posible explicación es...; Estos datos sugieren que...; Se observa una clara tendencia hacia...; Resulta llamativo que...; Cabe destacar que...*

Antes de escribir: analiza bien el gráfico, lee el título y la fuente e identifica qué se compara (años, países, edades, porcentajes...). Señala las cifras mayores y menores, las tendencias (aumento, descenso, estabilidad) y los cambios llamativos. No tienes que comentar todo, sino lo más relevante.

Estructura claramente tu texto este esquema:
- **Introducción:** explica brevemente qué muestra el gráfico, parafrasea el enunciado (no lo repitas literalmente).
- **Desarrollo:** describe las tendencias generales, compara datos, explica posibles causas y añade una interpretación crítica.
- **Conclusión:** resume la idea principal.

Por último, expresa tu **opinión o experiencia** personal sobre el tema.
- Ajusta el registro al contexto: usa un lenguaje formal y evita coloquialismos. Intenta utilizar un vocabulario variado y usar estructuras más complejas adecuadas al nivel.
- Sigue al pie de la letra lo que se te pide en la consigna.
- Finalmente, haz una revisión de tu texto.

Opción 2

Has encontrado este anuncio en el tablón del instituto con motivo de la próxima celebración de la Semana de la Ciencia. En él piden ideas para las actividades y voluntarios/as. Escribe un correo en el que deberás:

- Presentarte (nombre, curso que estás realizando).
- Expresar tu satisfacción con esta idea de la celebración de una Semana de la Ciencia.
- Sugerir temas y actividades para esta Semana de la Ciencia
- Postularte como voluntario/a para una de las áreas sugeridas, explicando por qué te consideras un/-a buen/-a candidato/a.

Número de palabras: entre 180 y 220.

SEMANA DE LA CIENCIA

En vista del éxito que el Día de la Ciencia tuvo en las convocatorias pasadas, la dirección del instituto ha decidido ofrecer este año nuestra primera Semana de la Ciencia y queremos contar con los/las estudiantes para la preparación y desarrollo de la misma.

Necesitamos voluntarios/as para:
Diseñar carteles y logotipos • Crear vídeos promocionales • Gestionar redes sociales del centro • Redactar notas informativas • Hacer entrevistas a participantes

Escribid un correo a *departamentociencias@institutovaldes.com* con vuestras ideas y sugerencias, especificando en qué podéis colaborar.

Consejos para la tarea 2, opción 2

Antes del examen, has de tener bien claras las diferencias entre una carta y un correo:
- **Carta:** Lugar y fecha en la parte superior. Encabezamiento formal seguido de dos puntos *Estimado señor:* Cuerpo organizado en párrafos amplios. Despedida formal.
- **Correo electrónico:** No necesita lugar ni fecha (ya aparecen automáticamente).
- Es importante incluir el asunto (elemento clave que no existe en la carta tradicional).
- Los párrafos son más breves y directos.

Revisa también las fórmulas que se usan para expresar, en un nivel B2-C1, una reclamación, solicitud, queja, propuesta o motivación (en el caso de este examen hay que expresar la motivación y hacer propuestas).

En el examen: Ajusta el registro al contexto: usa un lenguaje formal y evita coloquialismos.
- Intenta emplear un vocabulario variado y usar estructuras más complejas adecuadas al nivel (trata de usar el subjuntivo, y, si es posible, el imperfecto de subjuntivo). Sigue al pie de la letra lo que se te pide en la consigna.

Finalmente, haz una revisión de tu texto.

examen 6
EXPRESIÓN, MEDIACIÓN E INTERACCIÓN ORALES

PRUEBA 4

 Descripción de la prueba 4

La prueba 4, **Expresión, mediación e interacción orales**, consiste en cuatro tareas. Su duración total es de 25 minutos, además de 20 minutos de preparación.

En la tarea 1 se te darán dos opciones de las que hay que elegir una.

El desarrollo de la tarea 4 se realiza en parejas.

Ten en cuenta que, en esta prueba, además de la **expresión oral**, se evalúan la **mediación** (capacidad de usar la lengua para transmitir, resumir o aclarar información de manera que otra persona pueda entenderla) y la **interacción** (intercambio de mensajes orales entre dos o más personas).

Recomendaciones para toda la prueba

• Lee despacio las instrucciones para entenderlas perfectamente. Una de las cosas que se evalúan es que se cumplan todas las indicaciones.

• En el caso de no tener una opinión clara respecto al tema, o no haber tenido ninguna experiencia que se corresponda con lo que te están planteando, puedes recurrir a la imaginación. Es importante recordar que se está evaluando tu nivel de expresión, mediación e interacción orales, por lo que tienes que responder a todo lo que se te pregunta. Cuida el uso de los conectores.

• Elige las palabras y las estructuras adecuadas: el vocabulario y la gramática deben corresponder al nivel B2-C1.

Descripción de la tarea 1

• En esta tarea se evalúa la capacidad del candidato de resumir un texto escrito de carácter informativo de entre 450 y 500 palabras y expresar una opinión sobre el tema del texto mediante una exposición oral.

• Se ofrecen dos textos de los que hay que elegir uno y preparar una exposición oral individual de 2 o 3 minutos (dispones de 20 minutos de preparación).

• También deberás escuchar la exposición de tu compañero/a para hacerle una pregunta al inicio de la tarea 2.

• En la exposición deberás mencionar todas o casi todas las ideas del texto y expresar tu opinión sobre el tema. Puedes mencionar otras ideas que no están en el texto.

• Ten en cuenta que en esta tarea no solo se evalúa la expresión oral, sino también la mediación (debes resumir el texto, no expresar tus propias ideas, excepto cuando des tu opinión; debe quedar claro cuándo estás haciendo cada cosa).

• A la sala de examinación podrás llevar tus notas para mirarlas, pero en ningún caso puedes limitarte a leerlas.

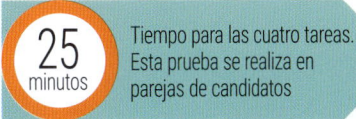

25 minutos — Tiempo para las cuatro tareas. Esta prueba se realiza en parejas de candidatos

Tiempo para la preparación **20** minutos

TAREA 1

EXPOSICIÓN ORAL SOBRE UN TEMA

Debes elegir un texto y realizar una exposición oral durante dos o tres minutos sobre el texto que has preparado. Durante la exposición puedes mirar tus notas, pero no leerlas.
Mientras un/-a candidato/a realiza su exposición, el/la otro/a escucha con atención para formularle una pregunta al empezar la Tarea 2.

En tu exposición debes:
- Resumir los puntos principales del texto.
- Expresar tu opinión sobre el tema.

La inteligencia artificial ya es mayor de edad... ¿y nosotros?

Es difícil precisar el momento en que los actuales sistemas de inteligencia artificial (IA), basados en técnicas de aprendizaje profundo que les permiten simular la creatividad humana, adquirieron su mayoría de edad. Pero, sin duda, un momento definitorio fue la serie de partidas de go -un juego de origen chino, matemáticamente más complejo que el ajedrez- en las que el programa AlphaGo, diseñado por Google DeepMind, venció al legendario jugador Lee Sedol. Ocurrió entre el 9 y el 15 de marzo de 2016.

Demis Hassabis, uno de los creadores de AlphaGo, ganó en 2024 el Nobel de Química por otro sistema, AlphaFold 2, que predice con gran rapidez la estructura 3D de las proteínas, lo que impulsará el desarrollo de distintos tratamientos. Además, hoy es casi imposible comprar un móvil que no incorpore aprendizaje profundo, y las empresas comienzan a integrar la IA en sus labores cotidianas, la mayoría de forma aún experimental.

La tecnología se ha extendido, pero también se ha generalizado la sensación -real o ficticia- de que el gran salto está por llegar. Así titulaba hace unos días *The New York Times:* «Histeria de masas. Miles de trabajos perdidos. ¿Cuán malo llegará a ser?». Habrá que ver en unos años si el titular ha envejecido bien... ¡o si lo hemos hecho nosotros! En realidad, no dependerá de la IA, salvo que alguien tenga la ocurrencia de dejar en sus manos el gobierno de las naciones, la regulación de los mercados y la gestión de las empresas.

La mayoría de la población ya usa IA: en España, el 55 % dice conocer en qué consiste, y un 58 % vaticina que tenderá a complementar nuestro trabajo, sin llegar a sustituirnos, frente al 37 % que cree que nos reemplazará, según una reciente encuesta de la Fundación BBVA. Además, hasta un 79 % piensa que mejorará la medicina y la salud. Que la mayoría tenga buenas perspectivas sobre la IA es esperanzador; y que muchas personas expresen miedos y reservas, también. Con esta clase de *bichos,* toda prudencia es poca (y no va solo por las máquinas).

Expresión, mediación e interacción orales

Una cosa que la IA no puede ni debe hacer por nosotros es decidir cómo la regulamos, en qué la empleamos y dónde le ponemos límites. Siempre habrá alguien dispuesto a ahorrarnos el debate y a intentar poner o quitar las leyes a su antojo. Frente a ello, y frente a la histeria de masas, no hay remedio mejor que la democracia. El verdadero reto será educar a la ciudadanía, fortalecer las instituciones democráticas y promover una cultura crítica que permita aprovechar la innovación tecnológica sin renunciar a la responsabilidad colectiva compartida.

Adaptado de https://amp.elmundo.es/ (España)

Consejos para la tarea 1

Antes del examen, lleva preparadas estructuras que podrás usar en esta prueba:
En el texto se menciona…, Según el texto…
Desde mi punto de vista…, A mi modo de ver… A mi entender… Considero que…
Me resulta extraño/interesante/llamativo que…
También conviene que prepares conectores apropiados para este nivel: aditivos *(asimismo, es más);* consecutivos *(de ahí que);* contraargumentativos *(ahora bien);* causales *(dado que);* reformuladores *(dicho de otro modo, en resumidas cuentas),* etc.
Recuerda la gramática asociada a estas funciones y utiliza expresiones de nivel B2-C1.

Durante el examen, lee el texto e identifica las ideas clave (puedes subrayarlas), eliminando los detalles irrelevantes.
Escribe la información manteniendo el orden del texto original, pero usando tus propias palabras. Usa conectores para relacionar las ideas.
El resumen debe ser breve y claro.

Descripción de la tarea 2

- Esta tarea consiste en responder a una pregunta de tu compañero/a y a varias del/de la examinador/-a sobre el tema de la exposición de la tarea 1. También deberás formularle una pregunta a tu compañero/a sobre su exposición.
- En esta tarea se evalúa la capacidad del candidato de responder a preguntas de una entrevista de carácter complejo proporcionando ejemplos y argumentos.
- Su duración es de 4 minutos.

TAREA 2

ENTREVISTA SOBRE EL TEMA DE LA EXPOSICIÓN

Ahora tu compañero/a te va a formular una pregunta y, luego, el/la examinador/-a te hará una pequeña entrevista relacionada con el tema de la Tarea 1. Debes responder a las preguntas y justificar tus opiniones. Dispones de dos minutos.

Estas son las preguntas que el/la examinador/-a puede hacerte en la entrevista.

Tu entorno y tú

- Tu familia: ¿Quién utiliza la inteligencia artificial en tu familia? ¿Qué aplicaciones usáis y para qué?
- Tu entorno escolar: ¿En vuestro centro está permitido usar la IA? ¿Hay alguna asignatura en la que fomenten su uso? ¿La utilizas para estudiar? ¿Cómo la usas?

Reflexión y ampliación sobre el tema

- Reacción de la población frente a los avances de la IA: ¿Por qué crees que alguna gente tiene miedo a la IA? ¿Y a ti cómo te hacen sentir estos avances?
- Otros campos de aplicación de la IA: ¿Qué otros usos de la IA se te ocurren, además de los que se menciona en el artículo?
- Los desafíos de la IA: ¿Se te ocurren otros problemas que plantea la IA, aparte de los que se mencionan en el texto? ¿Cómo crees que los gobiernos podrían hacer frente a las amenazas que conlleva la IA?

Descripción de la tarea 3

- Esta tarea consiste en narrar en pasado una anécdota personal relacionada con el tema de la exposición de la tarea 1.
- En esta tarea se evalúa la capacidad del candidato de narrar una anécdota en pasado.
- Dispones de 1 minuto y medio para preparar la tarea.

TAREA 3

EXPERIENCIA PERSONAL SOBRE EL TEMA DE LA EXPOSICIÓN

Debes hablar sobre una experiencia en la que utilizaste la inteligencia artificial y que te resultó muy útil y provechoso. Dispones de un minuto y medio. Durante la exposición puedes mirar tus notas, pero no leerlas.

- ¿Para qué la usaste?
- ¿Te resultó fácil de utilizar?
- ¿Cómo lo hubieras hecho sin usar la IA?

Ayudas para la tarea 3

Para situar el momento en el que sucedió la anécdota: *La primera vez que usé la IA fue para hacer un trabajo de Historia.*

Para describir las circunstancias de una anécdota: *Era un trabajo muy complejo y tenía poco tiempo para hacerlo.*

Para narrar las acciones que sucedieron: *Mi amigo me recomendó una IA y me la descargué. Entonces pedí que me buscase páginas donde pudiera encontrar información fiable.*

Hablar de una acción pasada anterior a otra: *Estaba muy estresado, porque la profesora nos había dicho que este trabajo contaba como un 30 % de la nota final.*

Hablar de situaciones hipotéticas en el pasado: *Sin la IA no habría podido terminarlo a tiempo. Me hubiera tenido que pasar dos noches sin dormir.*

Descripción de la tarea 4

- Esta tarea consiste en participar en una conversación improvisada con tu compañero/a con el fin de llegar a un acuerdo para elegir, en una situación dada, una opción entre cuatro posibles.
- En esta tarea se evalúa la capacidad del candidato de intercambiar ideas, negociar, valorar ventajas y desventajas de distintas opciones para llegar a un acuerdo con el interlocutor.
- Su duración es de entre 5 y 6 minutos.
- Ten en cuenta que se trata de un debate, por lo que puedes interrumpir, discrepar, pedir o dar aclaraciones, argumentar tus opiniones y rebatir las de tu compañero/a.

TAREA 4

CONVERSACIÓN INFORMAL ENTRE CANDIDATOS

El/La examinador/-a elegirá una lámina que os entregará a los candidatos. Tenéis un minuto para leerla y, luego, vais a conversar durante 5 o 6 minutos para tomar una decisión entre los/las dos que cumpla con los criterios marcados.

En vuestro centro han recibido fondos para un plan de modernización y digitalización de la educación. Vais a decidir en qué invertir ese dinero. Estas son las cuatro opciones.

Debéis elegir una opción teniendo en cuenta los siguientes criterios:

- Que resulte útil al mayor número de personas.
- Que no se quede anticuado en poco tiempo.

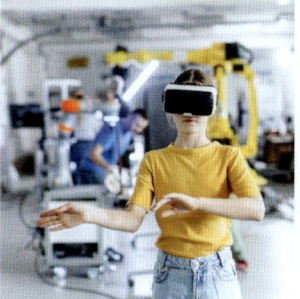

Mira las propuestas y considera con tu compañero/a las ventajas y desventajas de cada una para tomar una decisión juntos/as. Se trata de una conversación abierta, así que puedes interrumpir, discrepar, pedir o dar aclaraciones, argumentar tus opiniones y rebatir las de tu compañero/a.

Preparación Diploma de Español Escolar (Nivel B2/C1)